JE VEUX DU TEMPS POUR MOI

Marie Venhorst

JE VEUX DU TEMPS POUR MOI

**Éditions
d'Organisation**

www.editions-organisation.com

Apec

www.apec.fr

Collection

MA VIE DANS L'ENTREPRISE

Collection dirigée par Jean-Max Dinet

Au fil de votre vie professionnelle, vous devez souvent répondre à des impératifs de performance, individuelle et collective, sans cesse réévalués. Et pour cela, accroître vos compétences. Dans l'exercice quotidien de votre métier, vous devez également relever d'autres défis auxquels vous n'êtes pas réellement préparé et dont dépend la qualité de vos résultats.

Comment des salariés travaillant dans des univers différents, relèvent-ils ces challenges "ordinaires" ? C'est ce que vous invite à découvrir la collection "Ma vie dans l'entreprise".

Savoir-faire, savoir-être… leurs expériences et leurs témoignages vous montreront comment, à votre tour, mieux vivre toutes les étapes de votre parcours.

Je réussis mes premiers recrutements, 2002
Vive mes années senior, 2002
J'ai l'esprit réseau, 2002

Éditions d'Organisation – Eyrolles
1, rue Thénard 75240 Paris Cedex 05

© Éditions d'Organisation, 2002
© Éditions APEC, 2002
ISBN : 2-7081-2807-8

TABLE DES MATIÈRES

Ce livre fait bien entendu référence
aux textes en vigueur au moment de sa parution.

IL Y A UNE VIE APRÈS LE TRAVAIL...

... Et cette « deuxième existence », plus personne ne songe à la sacrifier. Certes, on comptera toujours quelques irréductibles qui affirment même profiter de leurs vacances pour en remettre une louche. Mais les enquêtes d'opinion émettent le même message : le travail n'est plus la valeur centrale autour de laquelle tout s'articule.

Réussir ces deux vies, professionnelle et privée, est un souci partagé par la grande majorité des salariés, notamment les jeunes générations. Et cela dépasse largement les frontières. Selon l'Observatoire Sodexho de la qualité de vie au quotidien, les salariés des pays européens[1] n'étaient que 8,4 % en 1960 à considérer que le travail devait respecter leur vie privée. Quarante ans après, la proportion atteint les 54 %.

Une tendance qui épouse une autre réalité : la durée du temps de loisirs ne cesse de s'accroître. Toujours selon l'Observatoire, le temps total travaillé moyen d'un individu aura diminué de plus de 23 % entre 1960 et 2010. Mais, s'il n'est donc plus question de tout miser sur le professionnel, il n'est pas non plus dans l'air du temps, de le diaboliser. Le plaisir au travail existe. Et, ils sont nombreux à en témoigner.

Contestée par les uns, vivement défendue par les autres, la loi Aubry sur les 35 heures a « consacré » le « temps libre ». S'il n'est pas question à ce jour, de revenir sur la durée légale du travail à 35 heures, on sait que des « assouplissements », pour reprendre le mot employé par Jacques Chirac durant sa campagne présidentielle de 2002, sont et seront apportés. A compter du mois d'octobre 2002, par exemple, le contingent d'heures supplémentaires est porté, par décret provisoire (jusqu'au 1er juillet 2004), de 130 heures à 180 heures par an. L'accès aux heures supplémentaires est facilité jusqu'au seuil des 39 heures. La réforme opérée par le gouvernement repose donc sur une augmentation du contingent annuel légal à partir duquel se déclenche l'obligation de repos compensateur. Pour

---

(1) *Ilo Labor statistics. US Census Bureau International data base. World bank Development report.* La troisième étude de *l'Observatoire de la qualité de vie au quotidien, publiée en 2001, porte sur 11 pays (Pays-Bas, Belgique, France, Allemagne, Canada, Royaume-Uni, Suède, Espagne, États-Unis et Brésil).*

les salariés travaillant dans des entreprises et/ou une branche professionnelle ayant déjà négocié des accords de réduction du temps de travail, ces derniers continuent de s'appliquer.

Il apparaît que les effets de la réduction du temps de travail varient selon les catégories. Ainsi, les ouvriers qui devaient être les principaux bénéficiaires des lois Aubry, sont aujourd'hui très critiques à leur égard : flexibilité accrue, pas de maîtrise des plannings de travail et manque d'argent pour profiter pleinement des 35 heures... Il est vrai qu'il existe, pour les emplois peu qualifiés, un manque à gagner généré par la non-possibilité d'effectuer des heures supplémentaires. Robert Rochefort[1], directeur du Crédoc, note même que les femmes culpabilisent à profiter pour elles-mêmes du temps libéré par la RTT. Un temps qu'en définitive, elles finissent par dédier aux tâches ménagères. Une loi « bobo » (bourgeois-bohème), comme le suggère le quotidien *Le Monde* ? Il semble en tout cas que les cadres qui, par définition affichent les rémunérations les plus élevées, soient les grands gagnants de la réduction du temps de travail (65 % d'entre eux ont, selon une étude du ministère des Affaires sociales, constaté une «amélioration» de leur vie quotidienne), même si une forte proportion d'entre eux se disent encore plus surchargés de travail et s'inquiètent même de l'impact des 35 heures sur la compétitivité de leurs entreprises. Mais il est vrai que le temps libre c'est bien, et qu'avoir de l'argent pour en profiter, c'est encore mieux !

---

(1) *Robert Rochefort, à l'émission « C'est arrivé demain », Europe 1, juin 2002.*

Quatre années après la mise en œuvre des premières mesures, quel premier bilan peut-on, au moment où nous publions cet ouvrage, tirer des 35 heures ? Le premier objectif de la réduction du temps de travail était, on le sait, de diminuer le chômage. En fait, et selon le Commissariat général au plan, 265 000 emplois auraient été impulsés directement par les 35 heures entre 1997 et 2001. Peu de choses, somme toute, au regard des 22 millions d'actifs et aux 1,7 million d'emplois créés durant ces quatre années. Le vrai changement concerne les conditions -meilleures- de vie et de travail. *« Les femmes cadres sont bien les plus satisfaites de la RTT parce qu'elles sont, de toutes les catégories, celles sur qui pesaient le plus fortement les contraintes personnelles et familiales. »*, notent Dominique Méda et Renaud Orain [1]. Quant aux chefs d'entreprise, très opposés dans leur ensemble, à la réduction du temps de travail, ils redoutent maintenant que les candidats ne se détournent d'eux, s'ils ne mettent pas en pratique les 35 heures (selon une enquête de l'institut CSA pour Manpower, un DRH sur deux extime que les 35 heures ont été difficiles à mettre en place). « Concilions vie privée et professionnelle. », entonnent donc les salariés. En 2002, les ministères de l'Emploi et de la Solidarité et de la Famille et de l'Enfance ont même édité un guide à l'attention des chefs d'entreprise et des partenaires sociaux pour

---

(1) *Revue* Travail et emploi, *avril 2002. Cité par* Le Monde, *du 7 juin 2002.*

favoriser l'articulation des temps de vie[2]. L'enjeu est de taille. Selon un scénario établi par l'Apec, c'est une véritable pénurie de compétences qui se profile dès 2004. Pour la période 2002-2010, ce sont 450 000 cadres dans les secteurs privé et public qui pourraient faire défaut aux entreprises. Pour endiguer les départs massifs à la retraite et assurer la relève, donc séduire les candidats dont elles ont besoin, les entreprises vont devoir se montrer créatives. Et répondre aux aspirations des jeunes générations. Reste à savoir comment chacune d'elle comprendra les mots « conciliation », « équilibre », « partage des tâches »... Pour l'heure, il appartient aux salariés de « naviguer » entre tous les dispositifs existants pour trouver leur « équilibre », leur bonheur. Profiter des 35 heures, travailler à temps partiel, s'offrir un break, organiser son temps de travail, se mettre au vert, télétravailler, changer d'univers professionnel... sont autant de pistes recensées dans cet ouvrage.

Pour connaître et suivre toute l'actualité sur les assouplissements qui sont et seront apportés à la loi Aubry sur les 35 heures, tapez : www.35h.travail.gouv.fr.

---

(2) *Guide : Entreprises et articulation des temps familiaux et professionnels. Guide édité par les ministères de l'Emploi et de la Solidarité et de la Famille et de l'Enfance, avec les CJD, l'ANDCP et la CFE-CGC, 2002.*

Chapitre **1**

À LA RECHERCHE D'UN NOUVEL ÉQUILIBRE

DONNER DU TEMPS AU TEMPS...

La crise et son cortège de licenciements ont
incité les salariés à prendre leurs distances
avec leur entreprise. Puis du recul. Avec leur
employeur, les salariés ont conclu un nouvel
accord basé sur le donnant-donnant.
À commencer par ce refus de concéder à son
employeur trop d'instants de sa vie privée. Plus
volontaristes dans leurs choix, les salariés
apprennent à s'organiser et à négocier pour
mieux faire passer auprès de leurs directions,
cette recherche d'un nouvel équilibre entre vie
personnelle et professionnelle. Équilibre que
les lois Aubry sur les 35 heures ont légitimé
et officialisé. Du temps au temps...

LA FIN
DES CARRIÈRES
AU LONG COURS

Olivier sort d'une grande école de commerce. À 25 ans, pour son premier poste, il intègre un géant de la cosmétique. Vente sur le terrain, responsabilités au service marketing, direction d'une zone régionale… Olivier enchaîne très vite les expériences et emprunte fidèlement le parcours type du haut potentiel défini par l'entreprise. Pour achever le tableau, deux séjours à l'étranger s'imposent. Qu'à cela ne tienne, Olivier boucle sa valise et part deux fois deux ans aux États-Unis, puis au Moyen-Orient. À son retour au siège français, ses supérieurs satisfaits de son travail lui réservent de grands projets: superviser depuis Singapour toute la zone Asie. Mais là, coup de théâtre, non seulement Olivier refuse la promotion, mais annonce qu'il va quitter l'entreprise. *« Tout se passait bien. Je gagnais très bien ma vie. J'étais, bien sûr, souvent stressé, mais c'était loin d'être insurmontable. Seulement après huit ans de boulot intensif, j'ai décidé de faire un break, de voir autre chose, de réfléchir à ce que je voulais faire de ma vie. »* Au grand désarroi de sa direction, Olivier négocie son départ et se donne un an pour faire le point. *« C'est maintenant ou jamais.*

© APEC - Éditions d'Organisation (Groupe Eyrolles)

MA VIE DANS L'ENTREPRISE

Je n'ai pas de famille à charge et je peux me permettre un sacrifice financier. Plus tard, on est pris dans la spirale. »

Dix ans auparavant, Olivier n'aurait sans doute pas interrompu une carrière prometteuse. Il aurait patiemment gravi les échelons. Comme ses aînés avant lui, il aurait fêté son pot de départ après vingt-cinq, voire trente ans dans l'entreprise. Aujourd'hui, les carrières au long cours ont fait long feu. Pour des raisons structurelles ou conjoncturelles, les entreprises n'ont cessé de marteler que tout salarié devait désormais se préparer à des « ruptures professionnelles ». Un discours bien compris par les cadres. *« Le retour de boomerang a été violent,* avoue le DRH d'un cabinet conseil en informatique. *Ces cinq dernières années, jamais le turn-over n'avait connu un tel accès de fièvre. Le phénomène est, bien sûr, accentué si nous vivons une période de croissance doublée d'une pénurie de main-d'œuvre mais la réalité est bien là : les salariés ne sont plus fidèles à l'entreprise. »*

AU BUREAU EN CINQ MINUTES

Une proposition plus alléchante, un travail plus passionnant et le cadre prend son solde de tout compte. Stéphanie, 34 ans, deux enfants, informaticienne, a changé d'emploi trois fois en six ans. *« À chaque fois, j'ai fait un bond question salaire. Et je prends soin de choisir des missions qui me feront évoluer. Pour le moment, j'apprécie ce que je fais et j'ai sciemment choisi une entreprise à cinq minutes en voiture de mon domicile. Malgré tout, je reste en veille. Je consulte régulièrement Internet, jette un coup d'œil aux annonces, réponds parfois aux sollicitations d'un chasseur de têtes. Je m'investis dans mon travail actuel mais je sais aussi que je n'y ferai pas de vieux os. »*

La loyauté est-elle bel et bien enterrée ? Elle a en tout cas du

Comment convaincre mon patron que je peux travailler mieux en travaillant moins ?

Vouloir concilier vie privée et professionnelle est un souhait partagé. Y parvenir et surtout l'imposer à ses supérieurs hiérarchiques est plus difficile. Quatre conseils pour parvenir à réunir les deux bouts :

• **Je clarifie mes envies**
Comme la plupart de mes collègues, je me plains de la surcharge de travail, je souhaiterais aller plus souvent à la piscine, me reposer davantage, voir mes enfants... Mais je me laisse déborder. D'ailleurs, ai-je vraiment l'intention de modifier cette spirale infernale ? La question vaut la peine d'être posée : quelles sont vraiment mes priorités ? Quels sont mes objectifs à terme ? Ma situation personnelle et professionnelle me permettent-elles de renverser la vapeur ? Suis-je prêt(e) à faire des sacrifices financiers, voire de carrière ? Suis-je en train de passer à côté de l'essentiel ? Dois-je demander un temps partiel, changer d'entreprise ? Suis-je capable de faire autre chose ? Si ce questionnement ne suffit pas à y voir plus clair, un bilan de compétences réalisé avec un consultant extérieur peut s'avérer utile.

• **Je me fixe des priorités**
J'ai décidé de suivre un cours d'histoire de l'art et je me fixe comme règle de n'en manquer aucun. Idem de l'animation d'une association ou d'un rituel familial : chercher les enfants à l'école un jour précis de la semaine, dîner tous ensemble... Sauf cas exceptionnel, interdiction de déroger à cette règle. Les manquements répétés me renverraient inévitablement à la case départ.

• **Je m'organise autrement**
Pour gagner le droit de partir plus tôt ou de m'évader plus souvent, je traque les pertes de temps : les déjeuners et les réunions interminables, les rendez-vous pas toujours nécessaires qui font perdre des minutes précieuses dans les transports, une mauvaise gestion de l'agenda, une avalanche d'e-mails pas tous primordiaux... J'apprends à planifier : quotidiennement, sur un post-it ou sur un palm pilot, je liste les tâches prioritaires. Et, je ne me laisse pas distraire jusqu'à ce qu'elles soient finalisées.

• **J'instaure un dialogue**
J'explique mes attentes à la direction et à mes collègues. J'offre des garanties :

cette nouvelle organisation ne doit pas altérer la qualité de mon travail. Je donne un maximum d'informations sur mon emploi du temps, les périodes et les téléphones (fixe et portable) où l'on peut me joindre. Et je prévois des rendez-vous avec mon chef pour vérifier si tous les objectifs sont bien atteints. Si je souhaite obtenir davantage de temps pour moi (quatre-cinquième, mi-temps...), j'explique mes motivations et assure que ce changement de rythme n'est pas synonyme de désinvestissement dans mon travail. Mais, je négocie aussi ma nouvelle charge de travail. Inutile de jouer les super (wo) men : je ne peux en faire autant avec un jour de moins au compteur hebdomadaire.

plomb dans l'aile. La faute, en grande partie, aux restructurations et plans de licenciements massifs mais aussi, à une incontournable mobilité. Avec l'effondrement du mythe de l'emploi à vie, la confiance des jeunes dans l'entreprise s'est écroulée. Pourquoi s'investir à fond dans l'entreprise lorsque celle-ci licencie ses parents, pourtant fidèles à son égard ? La valeur travail a perdu de son sens, constatent sociologues et philosophes. Un nouvel accord Salariés entreprises émerge. Désormais, c'est du donnant-donnant.

Cadre dans la grande distribution, Marc, 39 ans, accumule déjà trois enseignes sur son CV. *« Je ne suis pas un mercenaire, se défend-il. Et je m'investis à chaque fois dans mes nouvelles fonctions. Mais, je refuse ce sentiment d'appartenance à un groupe. J'ai besoin de l'entreprise à un instant T tout comme elle a besoin de moi. Elle mise sur ceux qui vont pouvoir accroître sa rentabilité. Elle ne lésine pas sur les formations, ce qui me permet au passage de développer mes compétences. En retour, je m'implique, m'efforce de réaliser les objectifs qui me sont assignés. Mais le contrat s'arrête là. Je veux me sentir libre si une occasion se présente et je ne perds jamais de vue que personne n'est irremplaçable. Si l'entreprise change de stratégie,*

*décide de céder la filiale où je travaille, il faut pouvoir rebon-
dir. »*

« Je veux me
sentir libre si
une occasion
se présente »

Aux premières loges, les DRH ont perçu
ce changement de mentalité. Plus question
pour eux de pratiquer la gestion de masse.
L'individualisation règne en maître, estiment
à l'instar de Franck Bournois, responsable
du DESS de gestion des ressources humaines
de l'université Paris II, de nombreux spécialistes des RH.
*« Nous sommes obligés de faire du sur-mesure, d'imaginer des
parcours de carrière, d'accompagner individuellement les
cadres. Si l'on n'a pas de projet d'entreprise, si on ne rassure pas
un individu sur son utilité dans le groupe, au moins à court
terme, il partira très vite. »*, explique le DRH d'une société
d'assurance. Au programme gestion individuelle des rémunérations, mais aussi des compétences. De plus en plus d'entreprises s'équipent de logiciels de gestion des ressources
humaines, deviennent plus réactives lorsqu'il s'agit de lancer
une formation ou de favoriser la mobilité interne. Et au besoin,
les directions n'hésitent pas à faire appel au coaching pour
aider un cadre à évoluer ou à surmonter une épreuve.
Conscientes de ce besoin d'équilibre, les entreprises mettent en
avant leurs avantages sociaux et une politique de ressources
humaines innovante. Notamment lors des campagnes et des
entretiens de recrutement.

ON PARLE MÊME DU CASUAL FRIDAY

« On essaie de s'adapter à la demande, explique ce directeur
général d'une SSII. *Les jeunes recrues souhaitent une qualité de
travail et sont demandeurs d'une certaine souplesse dans la
manière d'exercer leur métier. Aussi, lors de nos présentations*

devant de jeunes diplômés, insiste-t-on davantage sur ces aspects-là. Nous évoquons les possibilités de mobilité au sein du groupe si un futur collaborateur, pour quelque raison que ce soit souhaite changer de région... Nous allons jusqu'à parler de l'accord 35 heures et même du casual Friday. » Dans l'un des grands cabinets d'audit et de conseil, c'est la révolution. « *Nous sommes contraints de trouver des solutions au cas par cas, explique le DRH. Auparavant, personne n'aurait osé demander un quatre cinquième ou évoquer sa situation personnelle pour se voir muter. Aujourd'hui, nous examinons chaque situation.* » Ainsi, une jeune manager a-t-elle pu obtenir, afin de se rapprocher de son conjoint muté dans une autre ville, un redécoupage géographique de sa clientèle et la possibilité de télétravailler quelques jours depuis chez elle.

BAS DE CV
LES RÊVES
DEVIENNENT
RÉALITÉ

Dans cette nouvelle relation donnant-donnant, les cadres ne ratent pas une occasion d'exprimer leurs attentes. Souvent dès l'entretien d'embauche. Élu dans une mairie, Pablo a sollicité un quatre cinquième dans le cabinet d'audit qui l'embauchait. Requête acceptée. Plus question de cacher son engagement humanitaire, militant, associatif. Il peut très bien se concilier avec une activité professionnelle. *« Les entreprises affirment s'intéresser aux « bas de CV »*, souligne un consultant en ressources humaines. *Elles souhaitent des profils plus riches, c'est le moment d'en profiter. »* Les entretiens annuels d'évaluation sont autant d'occasions privilégiées pour exprimer une faveur. Au cours de son dernier tête-à-tête avec son supérieur hiérarchique, Jean-Pierre, cadre dans une SSII, a fait le point sur l'année écoulée et sur ses perspectives professionnelles. Mais, il en a surtout profité pour aborder un thème qui lui tenait à cœur : se dégager du temps pour chercher une fois par semaine ses enfants à l'école. *« C'est important pour eux comme pour moi. Je n'ai plus le sentiment de les croiser avant qu'ils n'aillent dormir,* explique ce père de famille. *Au niveau de ma charge de travail, cela ne change rien. Je me suis organisé pour rattraper. Mais je désirais que les choses soient claires avec toute l'équipe et que précisément, ce jour-là, on ne choisisse pas d'imposer une réunion incontournable. »*

Car les salariés ne veulent plus avoir à choisir entre leur vie professionnelle et leur vie privée. Une revendication certes ancienne, mais aujourd'hui clamée haut et fort. Tout donner à l'entreprise, c'est terminé. Les workaholics appartiennent au passé et la recherche d'un meilleur équilibre est érigée en philosophie. D'autant que les nouvelles organisations du travail en flux tendus dans la production tout comme dans les services, les situations chroniques de sous-effectifs et le management par objectifs n'ont fait qu'ajouter au stress des cadres. Mais au lieu de se laisser emporter par la spirale, ils sont de plus en plus nombreux à prendre de la distance et à ne plus vouloir sacrifier leur vie privée.

À 18 HEURES 30, JE QUITTE LE NAVIRE

À chacun sa recette pour y parvenir. Vincent, contrôleur de gestion, a résolu le problème, seul. *«Je m'organise mieux. Le matin, je suis au bureau à huit heures, parfois plus tôt. Je prends souvent une salade que je mange au bureau. J'évite les déjeuners et les réunions qui s'éternisent… Et, à 18h30, tous les soirs, je quitte le navire. Déconnexion totale. »* Marc, auditeur, a lui choisi de travailler dès qu'il peut chez lui. *«J'ai beaucoup de missions partout en France. Je reste absent parfois une semaine. Travailler de temps en temps à la maison me permet de voir mon fils. Évidemment, le piège est de bosser jusqu'à point d'heure chez soi. Mais, je m'impose de dîner en famille et de m'arrêter à temps.* » Martine, 38 ans, consultante dans une agence de relations publiques, a négocié cette possibilité deux fois par semaine avec son employeur. *« Je travaille à 14 stations de métro de mon domicile. Les jours où je reste à la maison devant mon PC, j'économise plus d'une heure trente de trajet. C'est le calme absolu. Pas de téléphone, pas d'interruptions intempestives, pas de tentation de papoter avec un collègue... Mon patron sait où me joindre et il ne voit aucune objection à cela. Mes dossiers sont bouclés en temps et en heure. C'est ce qui compte. »*

Sophie, cadre dans une société de restauration collective, a sollicité un temps partiel. *« Au début j'étais la seule dans le service,* explique cette mère de trois enfants. *Mais depuis, j'ai fait des émules. Et le monde ne s'est pas arrêté de tourner. »* Quant à Patrick, 34 ans, trader à la bourse de Paris, il ne mesure ni ses heures, ni son stress. Il espère gagner suffisamment d'argent pour s'arrêter de travailler à 40 ans. À chacun aussi ses arbitrages. À 42 et 44 ans, Daniel et Sylvie ont chacun obtenu un temps partiel pour monter un club de plongée sous-marine avec des amis. *« C'est notre passion à tous les deux et on ne se voyait pas attendre les vacances et la retraite pour s'y adonner pleinement,* souligne Sylvie. *On perd chacun 20 % de nos revenus. Mais c'est un sacrifice que l'on peut se permettre. C'est bien beau de vouloir tout concilier si on a un crédit et un tas d'obligations sur le dos. On ne prend pas les mêmes décisions à 25, 40 ou 50 ans. Mais tout dépend de la situation professionnelle dans laquelle on se trouve. »*

> Ne pas attendre la retraite, pour s'adonner à sa passion

NE PAS ATTAQUER BILLE EN TÊTE SUR LA RTT

Mais le meilleur arbitre en la matière reste le rapport entretenu par le salarié avec son entreprise. *« Les directions savent, toutes, aujourd'hui que les salariés aspirent à un meilleur équilibre. Mais pour une jeune recrue, nuance un chasseur de têtes, attaquer bille en tête sur les congés payés, la RTT, un temps partiel, pas trop de stress et la possibilité de prendre un congé sabbatique pour partir dans les îles ne me paraît pas être une bonne approche. Il faut savoir instaurer une relation de confiance, montrer des signes d'implication et ne pas griller ses cartouches d'emblée. Mieux vaut parfois attendre deux à trois ans, faire ses preuves avant d'avancer ses pions. »* La liberté est à ce prix: plus le salarié est courtisé et plus ses compétences sont précieuses, plus il possède d'atouts dans son jeu...

Donnant-donnant!

À lire :
- « **Le temps des uns, le temps des autres** »
par Gilles Moutel, 2002, les presses du
management, 156 pages, 16 €
- « **Manager son temps et son énergie** » par
Marie Josée Couchaere, 1997, 192 pages, ESF,
20, 89 €
- « **Ralentir, Travailler moins, vivre mieux** »
par John D. Drake, 2002, Ecosociété,
154 pages, 18,15 €
- « **Savoir gérer son temps** » par Jean-Denis
Ménard, 2001,
174 pages, Retz, 14, 90 €
- « **Mieux gérer son temps** », 2000, par Fathi
Tlatli, 161 pages, Chronique Sociale, 14, 64 €

Sites Internet :
www.gamonnet.com/: un site pour vous aider à
mieux gérer votre temps entre vie professionnelle et vie personnelle
www.anact.fr/: sur le site de l'Agence Nationale
des Conditions de Travail (ANACT), une
rubrique consacrée à l'organisation du travail
et au temps de travail

> ÉVALUEZ VOTRE ÉQUILIBRE VIE PRIVÉE/VIE PROFESSIONNELLE

Votre vie privée est-elle menacée ? Si oui, ce questionnaire vous aidera à déterminer le niveau d'alerte. Répondez d'abord seul, en cochant les cases à chaque réponse positive. Puis, demandez à votre conjoint et vos enfants de faire le jeu et... comparez !

1/ Vous et vos amis

a. Rappelez-vous systématiquement, et dans les 24 heures, les amis qui vous laissent un message sur votre répondeur ? .... ❏

b. Avez-vous au moins un déjeuner ou un dîner amical par semaine ? .... ❏

c. Vous êtes-vous fait des amis dans votre milieu profession-nel ? ....❏

d. Êtes-vous capable de passer une soirée entre amis sans par-ler travail ? .... ❏

e. Avez-vous, à l'égard de vos amis, des petites attentions qui entretiennent l'amitié (bouquet de fleurs, carte postale de vacances, cadeau d'anniversaire, coup de fil avant une échéance importante...) ? .... ❏

2/Vous et vos hobbies

a. Avez-vous un hobby ? .... ❏

b. Lui consacrez-vous plus de trois heures par semaine ? .... ❏

c. Vos supérieurs hiérarchiques savent-ils que vous avez une passion ? .... ❏

d. Utilisez-vous les 35 heures pour lui consacrer plus de temps ? .... ❏

e. Arrivez-vous à sauvegarder le temps nécessaire à votre hobby, même lorsque vous êtes débordé au boulot (pas plus d'une annulation par mois) ? .... ❏

3/Vous et votre famille

a. Avez-vous rencontré le professeur principal de vos enfants au cours des trois derniers mois ? .... ❏

b. Connaissez-vous le prénom des parents du meilleur copain de votre (vos) enfant(s) .... ❏

c. Vos enfants connaissent-ils votre lieu de travail ? .... ❏

d. Avez-vous fait quelque chose en tête-à-tête avec chacun de vos enfants au cours des quinze derniers jours (si vous avez un ou deux enfants) ou du dernier mois (si vous avez trois enfants ou plus) ? .... ❏

e. Vous ménagez-vous une soirée par semaine, hors de la maison, en tête-à-tête avec votre conjoint ? .... ❏

4/Vous et vos engagements

a. Êtes-vous membre de l'association des parents d'élèves de l'école de vos enfants ? .... ❏

b. Êtes-vous membre d'une association ? .... ❏

© APEC - Éditions d'Organisation (Groupe Eyrolles)

c. Consacrez-vous à vos activités associatives au moins une soi-rée par semaine (ou une partie du week-end)? .... ❏

d. Mettez-vous votre compétence professionnelle au service d'une cause d'intérêt général? .... ❏

e. Si oui, avez-vous demandé à votre entreprise de vous dégager du temps pour le faire? .... ❏

5/Vous et vous

a. Faites-vous du sport au moins deux fois par semaine? .... ❏

b. Êtes-vous capable de citer spontanément les trois derniers livres que vous avez lus? .... ❏

c. Êtes-vous capable de débrancher votre portable au moins une journée par semaine? .... ❏

d. Votre dernière visite à votre médecin ou à votre dentiste date-t-elle de moins d'un an? .... ❏

e. Avez-vous couru les soldes printemps-été? .... ❏

Résultats

– Au-dessus de 18 réponses positives : Bravo, vous êtes formi-dable.

– Entre 12 et 18 réponses positives : vous flirtez avec la ligne blanche. Regardez plus attentivement dans quel domaine vous jouez avec le feu et sollicitez l'avis de vos proches.

– En dessous de 12 réponses positives : que dire? Vous êtes dans la zone de tous les périls. Si vous ne voulez pas finir votre vie sur une île déserte, une sérieuse reprise en main s'impose. La vie privée, c'est quand même important, non?

Source : In *Courrier Cadres*

Chapitre **2**

VIVE LA RTT !

Belle amélioration sur le front de la vie privée. Merci les 35 heures ! Grâce à elles, nombre de salariés redécouvrent le plaisir d'aller chercher leurs enfants à l'école, de s'offrir un week-end prolongé, de s'inscrire au cours de sculpture... Un temps libéré dont tous rêvaient, mais que personne n'osait prendre. Mais – comment pouvait-il en être autrement ? –, cette liberté nouvelle a un prix qui s'exprime souvent par une intensification du travail. À chacun de trouver les recettes pour en faire autant en moins de temps. À chacun aussi de choisir les meilleures modalités de mise en œuvre de la RTT, offertes par l'accord d'entreprise.

DÉSOLÉ, VENDREDI JE NE SUIS PAS LÀ !

Publicitaire dans une grande agence de communication, Pierre a, durant de longues semaines, travaillé sur un plan de communication ambitieux pour une grande entreprise. L'agence dans laquelle travaille Pierre est mise en concurrence. *« Il fallait remporter ce budget,* explique-t-il... *Tout le monde était mobilisé »*. Quelques nuits sans sommeil, des réunions tardives avec son équipe... La présentation devait avoir lieu le lundi. Pierre qui avait encore quelques détails à caler avec son assistante ainsi qu'un certain nombre de documents à finaliser, propose à cette dernière de *« se garder toute l'après-midi du vendredi »* pour boucler le dossier. Réponse de l'intéressée: *« Je suis désolée Pierre, mais vendredi, j'avais prévu prendre un jour RTT. J'ai pris des engagements ! »* Encore abasourdi par la réaction de cette assistante avec laquelle il fait équipe depuis de longues années, Pierre a soudainement mesuré à quel point les 35 heures étaient passées dans les mœurs des salariés y compris des cadres. N'en déplaise aux Cassandre qui prédisaient que ces derniers bouderaient la réduction du temps de travail : une fois qu'on y a goûté, plus question de faire marche arrière. Et même si les jeunes affichent plus ouvertement que leurs aînés, leur désir de prendre du temps pour eux, chacun semble, en définitive, y trouver son compte. Les recruteurs s'étonnent même de la franchise des questions posées lors des premiers entretiens. *« Combien de jours RTT accordez-vous aux salariés ? »* fait désormais partie du top cinq des interrogations des jeunes recrues. Vincent, 32 ans, chef de projet dans une agence de publicité, bénéficie de 14 jours de RTT étalés dans l'année. Il a négocié avec son supérieur hiérarchique la possibilité de les prendre tous en même temps, accolés à ses congés annuels. Résultat, il est parti six semaines parcourir le Sud-Est asiatique avec sa compagne. L'expérience lui a mis le goût à la bouche. Pas question pour lui de renoncer à cette liberté. Et s'il devait changer d'emploi, cela pèserait fortement dans la balance. Vincent est loin d'être un cas isolé.

ON S'ACCROCHAIT À SON JOB, PERSONNE NE COMPTAIT SES HEURES

L'occasion est belle de profiter de la RTT pour sortir avec ses enfants, pratiquer enfin un sport, voire s'offrir un long week-end à l'étranger. Les directions n'ignorent pas cette évolution des mentalités. *« Dès la mise en place de la RTT, j'avoue avoir été désarçonné, confesse ce DRH d'une entreprise de chimie. J'ai 38 ans et j'ai commencé à travailler alors que le marché de l'emploi était en crise. On s'accrochait à son job, personne ne comptait ses heures. Voir les nouveaux venus s'impliquer dans leur mission, mais pas plus qu'il ne faut, est perturbant. La crainte, formulée à mots couverts par nombre de collègues, est que les 35 heures*

Cadres : les chiffres de la RTT

Près de huit cadres sur dix bénéficient de la RTT[1]. Parmi ces cadres travaillant dans une entreprise ayant signé un accord RTT, un quart seulement sont des cadres «intégrés» -leur horaire de travail peut être prédéterminé-; plus de la moitié sont des cadres «autonomes» – du fait de leur fonction ou des responsabilités qu'ils exercent, ils doivent pouvoir disposer d'un plus grand degré d'autonomie dans l'organisation de leur emploi du temps –; enfin, 22 % sont des cadres «dirigeants» qui, à ce titre, ne sont pas soumis aux dispositions légales en matière de durée du travail. La mise en place de la RTT s'est traduite, en moyenne, par l'octroi de 12 jours de congés supplémentaires et par une annualisation du temps de travail pour 82 % des cadres. En moyenne, seulement 22 % des cadres estiment travailler moins suite aux accords RTT.

(1) *Source :* Cadroscope Apec 2002

n'entraînent le désinvestissement de certains. En revanche, on ne peut nier qu'un salarié qui est mieux dans sa peau, équilibré, réussira mieux professionnellement. Un bon accord des 35 heures est un avantage concurrentiel. On aborde volontiers le sujet dans des forums de recrutement. En 1936, avec les congés payés, et à chaque grande réduction du temps de travail, ce type de débat revient. L'avenir nous dira qui a raison. »

Globalement, l'impact de la RTT sur la vie quotidienne des salariés est positif. Selon une enquête [1] menée par le ministère de l'Emploi et de la Solidarité, fin 2000, auprès de 1 000 salariés passés aux 35 heures, plus de 65 % d'entre eux affirment avoir connu une amélioration de leur vie quotidienne (seuls, près de 13 % de cet échantillon considèrent que la RTT a entraîné plu-

---

(1) « Les effets de la réduction du temps de travail sur les modes de vie. Qu'en pensent les salariés un an après ? » *Direction de l'animation, de la recherche, des études et des statistiques (DARES). Premières synthèses, mai 2001.*

MA VIE DANS L'ENTREPRISE

tôt une dégradation de leurs conditions de vie). Cette perception diffère, toutefois, selon le niveau de qualification, le sexe et l'âge. Et les cadres semblent, aujourd'hui, les plus satisfaits. Un rapport du Commissariat général du plan, publié en 2001, explique ce phénomène par deux facteurs. Les cadres bénéficient le plus souvent de jours de congés plutôt que de réductions d'horaires journalières. Ils vivent ainsi la RTT de manière plus effective (elle s'est accompagnée pour eux du maintien du salaire, voire d'une progression de la rémunération, alors que les ouvriers ont perdu le produit des heures supplémentaires). Enfin, peu d'entre eux ayant véritablement anticipé ses effets, ils sont aujourd'hui agréablement surpris. Les femmes, majoritairement plus satisfaites par la RTT que les hommes, le sont d'autant plus qu'elles possèdent un niveau de qualification élevé. Trois femmes cadres sur quatre en constatent les effets bénéfiques sur leur vie de tous les jours alors que ce n'est le cas que pour seulement moins de deux employées et ouvrières sur quatre. Car le facteur financier entre en ligne de compte. Comment profiter, en effet, de tout ce temps libéré lorsqu'on n'en a pas les moyens ? Selon un sondage, réalisé en 2002, par Louis-Harris pour l'Express et Vedior Bis, 49 % des Français interrogés seraient même prêts à travailler plus pour gagner plus ! Dans l'autre camp, Martine, 43 ans, responsable d'un pôle commercial dans la grande distribution, a ainsi trouvé son bonheur. *« Je ne cherchais pas à gagner plus d'argent. En revanche, je souhaitais plus de temps. La RTT est tombée à pic. Je crois qu'elle a servi de catalyseur et qu'elle a dédouané tous les cadres qui n'auraient jamais osé solliciter un temps partiel. Il n'y a plus ce sentiment de culpabilité*, explique cette mère de deux enfants qui peut au moins un mercredi par

> **RTT : les cadres semblent les plus satisfaits**

Le vendredi, c'est mon jour préféré

«Essayez un peu de joindre quelqu'un dans une entreprise le vendredi après seize heures, s'amuse Francis, commercial dans une régie publicitaire. Je vous souhaite bon courage. Il faut se préparer à ricocher de boîte vocale en boîte vocale.» Personne ne l'avoue réellement mais le vendredi, la tension a tendance à se relâcher dans nombre de sociétés. *«Le vendredi a toujours été un jour sympa,* confesse Nathalie, chargée de diffusion dans une société d'édition. *On a déjà la tête dans le week-end».* Et les 35 heures n'arrangent rien. *«À choisir, la plupart des salariés préfèrent poser, un jour de* *RTT, le vendredi que le lundi.»,* analyse le DRH d'une grosse agence de publicité. Si les entreprises renâclent à livrer des chiffres, le phénomène est visible dans les transports en commun, aux sorties des grandes villes. Dans les entreprises, bon nombre d'employés partent plus tôt le vendredi et l'on voit de plus en plus de cadres débarquer le matin avec un sac de voyage planqué sous le bureau. Bon gré, mal gré, les entreprises prennent la mesure de ce jour très particulier, et les plus «family friendly» d'entre elles, ont tout simplement aboli les réunions le vendredi après-midi.

mois leur consacrer la journée entière. *J'ai trouvé un bon compromis, un meilleur équilibre. Je n'ai pas du tout envie de replonger la tête dans le guidon.»*

LE MÊME BOULOT EN MOINS DE TEMPS

Si la vie quotidienne connaît une embellie, qu'en est-il de la charge de travail ? En clair, s'agit-il de *«faire le même boulot en moins de temps»* ?

L'enquête Cadroscope Apec 2002, montre que moins de cadres (50% en 2001 contre 60% en 2000) déclarent avoir trop de travail. Mais il n'empêche : un cadre sur deux juge que sa charge de travail a augmenté par rapport à 2000. Un paradoxe que peuvent expliquer deux phénomènes : d'une part, le carac-

© APEC - Éditions d'Organisation (Groupe Eyrolles)

tère subjectif, susceptible de fortes variations chez un même individu, de la notion de charge de travail (cette dernière peut augmenter mais rester dans une norme jugée correct par les cadres). D'autre part, le clivage grandissant entre les cadres surchargés, moins nombreux mais pour lesquels la pression est de plus en plus forte, et les autres : 66% des cadres déclarant une charge de travail excessive ont vu cette dernière augmenter par rapport à 2000. Comment ces cadres expliquent-ils leur surcharge de travail ? En grande partie, par les problèmes liés à l'organisation : trop de missions en même temps, augmentation des tâches annexes, organisation inadaptée ... et impact de la mise en place de la RTT, note l'enquête de l'Apec ! D'ailleurs, selon une autre enquête réalisée en 2001 par CSA, pour le magazine Liaisons sociales, six salariés sur dix estiment que les 35 heures ne réussiront pas à réduire le stress.

« En notre absence, les dossiers continuent à s'empiler sur les bureaux, constate Jean-Marc, à la tête d'une équipe d'une dizaine de consultants financiers dans une grande banque. *Et lorsqu'on rentre d'un jour de RTT, l'adrénaline monte. En réalité, on est tous obligés d'accélérer la cadence la veille du départ et le jour du retour. »* Camille, consultante senior dans une agence multimédia ne compte plus les cinés et les soirées entre copains annulés à la dernière minute. Ses « nocturnes » au boulot, voire chez elle devant son ordinateur portable et les samedis et dimanches à fignoler un projet ne sont pas rares (si 18% des cadres interrogés par l'Apec déclarent travailler souvent chez eux, la moitié en ont plus ou moins l'habitude). Mais, Camille reconnaît que dix-neuf jours de RTT négociés dans le cadre de l'accord 35 heures, c'est pas mal... En plus de ses six semaines de congés payés,

Les nocturnes au boulot, le portable les samedis...

ils lui permettent de voir du pays, de s'aérer loin de Paris avant de replonger dans un rythme plus soutenu qu'avant.

Mais matériellement, le manque de temps pour réaliser leurs objectifs (deux tiers des cadres disent travailler dans l'urgence, selon l'Apec) est un facteur de stress supplémentaire pour les salariés et notamment les commerciaux. Le management par objectif règne en maître dans les entreprises et s'accommode bien mal d'une réduction du temps de travail. Lors des entretiens annuels d'évaluation, la plupart des salariés se voient clairement notifier, chiffres à l'appui, leurs objectifs à atteindre. En revanche, ils ne possèdent guère d'éléments sur les moyens dont ils disposent pour y parvenir. Corinne travaille dans la filiale française d'un groupe britannique. *« C'est bien simple, le « board » londonien a fait passer le message : mettez-vous en conformité avec la loi française mais garantissez-nous la même rentabilité. Pire, les marges souhaitées continuent d'augmenter comme si de rien n'était. »*

À défaut d'une organisation du travail revue et corrigée, à chacun de trouver les ficelles pour continuer à produire autant. *« Évidemment, c'est plus dur dans les services en sous-effectif où tous les gains de productivité ont été faits*, poursuit Corinne. *Mais individuellement, on rogne comme on peut sur le temps. On papote un peu moins à la machine à café. On mange plus souvent sur le pouce à son poste de travail. On part une demi-heure plus tard le soir… Tout ça pour ne pas avoir à travailler, ne serait-ce qu'un peu, pendant son jour de RTT. »* Constat étonnant, si nombre de cadres n'hésitent pas à terminer un dossier le week-end, ce jour délibérément choisi comme « jour RTT » est devenu sacré : *« C'est vraiment du temps libéré. Je déconnecte complètement. »*, remarque Corinne.

LES BONS ET LES MAUVAIS CÔTÉS DES 35 HEURES

Du côté des entreprises, la mise en place de l'aménagement et de la réduction du temps de travail, une obligation légale et un vrai casse-tête, n'a pas toujours donné lieu, du moins dans un premier temps, à une réorganisation du travail. Bien peu de salariés ont vu leurs tâches repensées et redistribuées en fonction de leurs nouveaux horaires. En outre, lorsque les créations d'emploi ne suivent pas, ces derniers doivent mettre les bouchées double. *« Mais à l'usage, bon nombre de chefs d'entreprise ont dû s'asseoir autour d'une table et revoir leur mode de fonctionnement. Ils nous réclament des outils informatiques de gestion du temps, mais aussi des conseils pour optimiser la présence de leurs équipes. »*, souligne un consultant spécialisé dans la mise en place des 35 heures. Et, ce DRH d'une société de chimie de renchérir. *« Au départ, on a mis le paquet sur les meilleures solutions pour passer aux 35 heures, sur les négociations avec les partenaires sociaux. Puis, au fil des mois, on a découvert les bons... et les mauvais côtés des 35 heures, explique-t-il. Il a fallu mettre au point des règles informelles ; renforcer la communication, multiplier les rapports pour que, le cas échéant, un membre de l'équipe puisse prendre un dossier au vol ou que certains collaborateurs fonctionnent en binôme ; fixer des dates de réunions bien à l'avance... Quant aux plannings des congés, plus question de nager dans le flou artistique. À l'approche des vacances scolaires, chaque chef de service réunit son équipe et examine les demandes de chacun – qui doivent être entrées un mois à l'avance sur un logiciel de gestion des temps.*

Si un compromis est trouvé, tant mieux. Sinon, le chef de service tranche en fonction de priorités familiales ou autres. C'est plus contraignant, mais cela évite les mauvaises surprises. »

INTÉGRÉ, AUTONOME, DIRIGEANT... CADRE, CHOISIS TON CAMP !

Avec l'arrivée de la RTT, les cadres, qui jusqu'alors bénéficiaient d'un statut des plus flous, ont également vu débarquer de nouvelles étiquettes. Intégré, autonome... Que cachent ces nouvelles appellations ? En quoi le cadre intégré diffère-t-il de l'autonome et du dirigeant ? Ai-je intérêt à appartenir à l'une ou l'autre de ces catégories ? La question a souvent suscité des débats houleux lors des négociations d'accords en entreprise et la classification est loin d'avoir entraîné l'unanimité.

Responsable des stocks dans une usine de pièces détachées, Rodolphe, qui encadre plus de trente personnes, est entré *de facto* dans la case **cadre intégré** «à une équipe». Sédentaire, il effectue, à quelques rares exceptions près, le même nombre d'heures que les employés de l'usine. La réduction journalière du temps de travail négociée dans l'accord d'entreprise s'applique aussi bien aux employés techniciens et agents de maîtrise qu'à lui-même. Cela étant, si Rodolphe était régulièrement conduit à faire des heures supplémentaires, il pourrait négocier avec son employeur une convention de forfait en heures, afin de déterminer une rémunération comprenant ces heures ainsi que les majorations. Et contrairement aux idées reçues, si Rodolphe dépassait encore ce forfait en termes d'heures sup', il serait tout à fait en droit d'en réclamer le paiement à sa direction.

À CHACUN DE S'ORGANISER COMME IL VEUT

« Autonome, moi ? J'ai surtout la liberté de réaliser un chiffre d'affaires. Est-ce vraiment de l'indépendance ? », s'interroge Michel, directeur commercial. En théorie, libres d'organiser leur temps comme ils le souhaitent, les cadres à mission ou **cadres autonomes** voient la durée de leur travail encadrée dans un forfait établi sur une base hebdomadaire, mensuelle ou annuelle. Et dans ce dernier cas, le forfait peut être fixé en jours ou en heures. D'où des batailles homériques dans certaines entreprises pour savoir quel système s'avère être le plus avantageux. *« L'accord proposait les deux solutions*, se souvient Olivier, cadre dans une entreprise de presse. *C'est sûr, le forfait annuel en jours est séduisant car la durée du travail n'est plus comptabilisée en heures mais en jours. On sait qu'on ne peut dépasser 200 jours travaillés* (217 au maximum, selon la loi Aubry II). *Plus la peine de s'embêter à compter des heures que, de toutes façons, personne ne respectait jamais. À chacun de*

Cadres, les deux effets RTT

«Les cadres sont moins nombreux à se plaindre d'être surchargés de travail. Mais, les surbookés trouvent que c'est encore pire qu'avant.», confie à l'hebdomadaire Courrier Cadres, Hélène Alexandre, chef de projet du département Études de l'Apec, devant les résultats de l'enquête Apec «Cadroscope 2002»[1]. La part des cadres s'estimant surchargés de travail est en effet passée de 60% à 50% (de 1999 à 2001). Premier effet RTT? Assurément: *«Il y a quelques années, les cadres considéraient que la charge de travail était indissociable du statut. Aujourd'hui, avec le débat sur les 35 heures, ils réalisent que leur travail est aussi règlementé par des lois. L'application des 35 heures a certainement contribué à la diminution de la durée du travail.»*, analyse Hélène Alexandre. De là, à en déduire que tous les cadres travaillent moins, il y a un pas qu'il faut se garder de franchir. D'abord, parce qu'ils sont encore nombreux à se dire surchargés (45% chez les moins de 35 ans et 50% chez les cadres plus âgés). Que, de surcroît, 79% de ces acharnés du boulot estiment l'être fortement et en permanence. Enfin, et c'est là le deuxième effet RTT, 50% de ces surbookés chroniques estiment que leur charge de travail a encore augmenté depuis l'année 2000. Pour Hélène Alexandre, pas de doute: *«C'est un effet pervers de la RTT. Ceux qui ont le plus de travail travaillent encore plus et de façon permanente.»* Au premier rang de ces surbookés, les cadres de la fonction personnel (ceux-là ont fort à faire avec la mise en application des 35 heures et les réorganisations qu'elles nécessitent). Ne sont pas épargnés non plus par le surbookage, les cadres au forfait, ceux dont le temps n'est pas mesuré. Enfin, 64% des cadres déclarent travailler trop souvent dans l'urgence. C'est le manque d'effectifs qui paraît être à l'origine de ces surbookages (41% des cadres). Cette appréciation sur le vécu professionnel des cadres doit être, cependant, nuancé par le fait que les trois quarts des cadres interrogés sont satisfaits de l'équilibre entre leur vie professionnelle et leur vie privée.

[1] *«Cadroscope»* est une enquête annuelle, réalisée par le département Études de l'Apec, auprès de 3000 cadres du secteur privé.

s'organiser comme il veut. Si un cadre disparaît un vendredi après-midi parce qu'il a fini son boulot et qu'il a envie de s'offrir un week-end prolongé, il n'a de compte à rendre à personne. À la fin du mois, il remplit sur ordinateur son relevé auto-déclaratif des jours RTT pris.» Une modalité qui n'est pas sans soulever quelques inquiétudes. *« Ce forfait en jours a aussi son revers: même si la direction prévoit des modalités de suivi et de contrôle de l'amplitude des journées, qui nous garantit, au gré des changements à la tête de l'entreprise, qu'on ne travaille pas subitement 12 à 13 heures par jour?»*, s'est demandé Olivier. Difficile, en effet, d'avoir recours à l'inspection du Travail en cas d'abus. Du coup, Olivier a préféré opter pour le forfait annuel en heures qui fixe la durée maximale journalière et hebdomadaire de travail et le contingent légal d'heures supplémentaires. Une assurance pour lui, même si dans d'autres entreprises, rien n'interdit de signer un accord prévoyant des dépassements, soit plus de 1 730 heures annuelles et plus de 10 heures par jour.

Quant au **cadre dirigeant**, inutile de tergiverser: les 35 heures restent un mirage. Il n'est pas visé par la loi. Ses équipes peuvent bien bénéficier en quelque sorte d'une sixième, voire d'une septième semaine de congés payés, lui, garde le navire. Un statut qui fait grincer des dents surtout dès qu'une promotion arrive sur un plateau.

35 heures ? Le mirage du cadre dirigeant

« Mes supérieurs m'ont offert de passer associé, soit cadre dirigeant, explique Jérémie, consultant senior dans un cabinet en organisation. J'ai négocié le privilège de pouvoir conserver les dix-huit jours de RTT dont je bénéficiais. S'ils m'avaient refusé cela, je crois que j'aurais dit non, quitte à gagner moins

d'argent. » Mais toutes les entreprises ne sont pas aussi généreuses. Et, jamais on a vu autant de cadres prendre du galon d'un même élan : « *Chez nous, c'est fou le nombre de cadres qui ont été promus dirigeants,* ironise une responsable des services généraux dans une entreprise d'édition. *Une véritable armée mexicaine. Il suffit d'être responsable d'une équipe de vingt personnes pour être adoubé. Pour l'actionnaire, c'est toujours ça de pris. Ses équipes dirigeantes demeurent disponibles.* » Au futur cadre dirigeant de mesurer si le jeu en vaut la chandelle et surtout de savoir si son profil et ses fonctions correspondent bien à ce statut. Car, en théorie, n'est pas cadre dirigeant qui veut. Celui-ci possède des responsabilités dont la nature implique une grande autonomie dans la gestion de son emploi du temps et de ses décisions et il figure parmi les salariés les mieux rémunérés de l'entreprise.

LES 35 HEURES
AU FÉMININ
ET AU MASCULIN

Sexistes les 35 heures ? Dans la pratique, en tout cas, les femmes ont beau accueillir plus favorablement la loi Aubry que les hommes, elles n'ont pas été pour autant débarrassées des tâches domestiques. Et les inégalités hommes-femmes ne se sont pas dissoutes dans l'eau du bain des 35 heures. Annie, cadre chez IBM choisit souvent le mercredi pour prendre son jour de RTT. Le matin, elle file au supermarché remplir le caddie de la semaine *« Ça m'évite le calvaire des samedis. »*, puis elle déjeune avec ses deux aînés qu'elle emmène, ensuite, au centre d'animation et de loisirs. *« Mes enfants apprécient ces moments passés avec eux.*

Et moi aussi. Le temps s'arrête un peu. Là-bas, je découvre un autre monde ; celui des mères qui ne travaillent pas le mercredi. À la sortie du cours de judo, je n'ai repéré qu'un père sur la vingtaine de mamans et nounous. » En fin d'après-midi, Annie en profite aussi pour mettre à jour tous les papiers « qui traînent » et régler les factures en attente. Résultat des courses, elle ne s'octroie pas beaucoup de temps pour elle. Dans les sondages, les femmes déclarent prioritairement vouloir s'occuper de leur vie familiale, les hommes se reposer, voire pratiquer leur hobby préféré. Même si de plus en plus de pères affirment souhaiter mieux concilier vie familiale et professionnelle.

Pour autant, les femmes ont encore à résoudre les problèmes d'intendance souvent compliqués par les 35 heures. Comment concilier des périodes d'activité hautes avec d'autres plus basses ? Comment expliquer à la nounou ou à la crèche que les horaires vont varier d'une semaine à l'autre ? Les 35 heures ont été votées, les services publics (transports, accueil de la petite enfance, administrations…) sont loin d'avoir suivi.

LES NOUVEAUX PÈRES METTENT LA MAIN À LA PÂTE

Pourtant, elles posent la vraie question des « temps sociaux ». Le chemin est long avant de trouver l'équilibre entre vie privée et vie professionnelle. Mais alors que la réduction du temps de travail a largement été débattue sur le terrain économique, d'autres observateurs ont plaidé pour que cette loi dépasse le strict cadre du travail et devienne un véritable outil de changement social. *« Si nous voulons au moins éviter l'aggravation de l'actuelle désynchronisation des temps sociaux et mieux accompagner, au sens le plus fort du terme, la réduction du temps de travail, c'est-à-dire permettre que la loi donne tous ses effets, il nous faut transformer la loi Aubry et faire d'un simple dispositif économique restreint aux entreprises, une ambitieuse politique des temps. »*, affirme la philosophe Dominique Méda dans son ouvrage « Qu'est-ce que la richesse ? » [1]. Pour l'heure, chacun s'est approprié les 35 heures à sa manière, et vit, en dépit

---

(1) *Collection Alto. 2000, 432 pages. Éditions Aubier-Flammarion*

MA VIE DANS L'ENTREPRISE

La RTT au service d'un projet humanitaire

Aider les autres, se rendre utile, certains y ont pensé un jour ou l'autre. Mais lorsqu'on est salarié à plein temps, difficile de tout larguer pour partir dans un dispensaire à l'autre bout de la planète. D'autant que les ONG ont le plus souvent besoin de personnels ultra spécialisés pour des missions longues. L'association «Congés Solidaire» [1] a eu l'idée de mettre à profit le temps libéré par les 35 heures. Une aubaine pour des salariés à la fibre humanitaire, mais aussi pour des entreprises soucieuses d'impliquer leurs collaborateurs -volontaires- dans des actions solidaires à l'étranger.

Concrètement, l'entreprise s'engage, *via* une convention, à prendre en charge les frais de séjour et de voyage. Le salarié, lui, consacre à la mission une partie de ses congés ou de ses jours dégagés par la RTT, soit deux à trois semaines en moyenne. Et nul besoin d'être infirmière, médecin urgentiste ou logisticien pour partir sur le terrain. Assistante de direction, informaticien ou consultant peuvent mettre leurs compétences à disposition des Maliens, Kosovars et Tanzaniens. Une aide aussi bien apportée aux enfants (soutien en lecture...) qu'aux adultes en formation et aux micro-entreprises.

(1) www.congesolidaire.org

des difficultés de mise en application, ce temps libéré comme un privilège. *«La société va s'adapter*, assure Corinne avec confiance. *Et les nouveaux pères mettent de plus en plus la main à la pâte. À terme, le sort des femmes ne peut que s'améliorer. Et notre qualité de vie à tous aussi.»* Et de comparer avec la situation de couples d'amis salariés indépendants. *«L'écart se creuse entre eux et nous,* admet cette femme cadre dont le mari, salarié dans une société d'assurances, a aussi hérité d'une «semaine de vacances» supplémentaire.

PERDU LE SOUVENIR DU CINÉ L'APRÈS-MIDI

Entre plaisanteries répétées et regrets, ils nous jalousent. Ils ont perdu le souvenir des cinés l'après-midi avec les enfants ou d'une visite au musée en pleine semaine, sans vingt millions de péquins. Notre vie privée se porte mieux. »

© APEC - Éditions d'Organisation (Groupe Eyrolles)

À lire :
- **«Partage des temps et des tâches dans les ménages»,** sous la direction de Marie-Agnès Barrère-Maurisson, 2001, 143 pages, La Documentation française. Cahier travail et Emploi.
- **«Les droits des cadres»,** par Antoine Legendre, 256 pages, Éditions Seconde. 22,86 €
- **«Réduction du temps de travail : les enseignements de l'observation»,** Commissariat général du plan. Rapport de la commission présidée par Henri Rouilleaut. 2001, 496 pages, La Documentation française. 16 €
- **«35 heures, le guide pratique 2003»,** par K. Paolin, 2002, 223 pages, Éditions Prat. 21,19 €
- **«Bien négocier les 35 heures»,** par G. Filoche et S. Chicote, 2001, 154 pages, Éditions La Découverte. 9,91 €
- **«Les 35 heures, un nouveau style de vie»,** par A. Laurent, 2000, 142 pages, Éditions Minerva.13,56 €
- **«Les 35 heures, mon patron et moi»,** par A. Crepaldi et D. Andriamasy, 2001, 127 pages, Le Cherche-Midi Éditions. 11 €
- **«Les 35 heures : le temps du bilan»,** collectif, 2001, Éditions Desclée de Brouwer. 18 €
- **«Qu'est-ce que la richesse ?»,** par Dominique Méda, Collection Alto, 2000, 432 pages, Éditions Aubier-Flammarion. 18,29 €

Les sites Internet :
www.35h.com/logiciel/: un site pour gérer le passage aux 35 heures
www.35h.travail.gouv.fr : site du Ministère de l'Emploi et de la solidarité dédié à la loi Aubry sur les 35 heures
www.35heures.net : se veut le site pratique des 35 heures

> TIRER PROFIT DE MON COMPTE-ÉPARGNE TEMPS?*

Cadre chez Ikéa, Marc ne rêve que d'une chose : partir six mois sillonner les océans à la voile. Prendre un jour de RTT, par-ci par-là, ne l'intéresse guère. Il thésaurise patiemment ses congés sur un compte-épargne temps. Grâce à ce dispositif, issu de la loi du 27 juillet 1994, les salariés d'une entreprise peuvent capitaliser sur un compte une partie de leurs jours de congés payés, des journées RTT et certains repos compensateurs. Ils ont le loisir d'y verser primes et indemnités, intéressement et augmentations de salaire convertis en temps. Si Marc compte bien traduire tous ces jours en congés sabbatiques, d'autres préféreront l'utiliser pour un congé parental, pour création d'entreprise pour formation voire pour partir à la retraite avant l'heure. Libre à l'employeur d'abonder également le compte. Le CET nécessairement mis en place par un accord d'entreprise ou de branche fixe tout de même des normes : les jours cumulés ne peuvent excéder vingt-deux jours par an. Pas question qu'un cadre trop zélé ne travaille non-stop et affecte la quasi-totalité de ses jours de congés au compte-épargne temps. Chaque épargnant doit utiliser son compte avant un délai d'expiration de cinq ans (dix ans pour les salariés ayant des enfants de moins de 16 ans) à partir du moment où il a accumulé l'équivalent de deux mois de congés. À son retour de congés, le cadre retrouve son poste à l'identique. Et, bien sûr, s'il avait l'idée de quitter son entreprise ou si celle-ci mettait fin à son contrat avant de pouvoir puiser dans son compte, il toucherait une indemnité compensatrice aux droits acquis.

À l'origine, le compte-épargne temps avait été créé pour que des salariés puissent prendre au moins six mois de congés sous forme de temps libre indemnisé. Dans un contexte de chômage élevé, c'était aussi l'occasion de créer des postes en CDD. Seul le premier objectif a été réalisé. De nombreuses sociétés à l'instar de EADS (Aérospatiale), France Telecom, Arcelor (Usinor) ou encore PSA, ont adopté le système. Mais certaines s'inquiètent fortement de cette thésaurisation excessive. À terme, le CET pourrait bien être une véritable bombe à retardement financière. Les comptes non consommés, mais «remboursés» se chiffrant en centaines de milliers d'euros. Aux cadres, également, de mesurer l'impact de ces reports sur leur vie privée et sur leur santé. Car, à trop travailler sans se reposer, rien ne dit que ces «grandes vacances», si longtemps espérées, seront réellement réparatrices.

*Le projet de loi proposé par François Fillon souhaite faciliter la liquidation sous une forme financière des comptes épargne-temps. Les salariés qui n'auraient pas pu «consommer» leurs jours de RTT pourraient se les voir payer.

Chapitre **3**

JE PRENDS UN TEMPS PARTIEL... CHOISI

Un temps partiel ? Une solution pour concilier vie privée et professionnelle, voire deux activités parallèles. Hélas, encore trop souvent synonyme de désengagement, le temps partiel se heurte aux préjugés des employeurs, hiérarchiques ou DRH. Et demeure l'apanage des femmes. La décision est prise ? Alors, il reste -ce n'est pas le plus facile- à négocier avec l'employeur pour éviter les pièges du « faux quatre cinquième », des temps partiels qui débordent et des collègues qui deviennent hostiles à force d'absorber un surcroît de travail. Enfin, quelle que soit sa formule (à la carte, à la semaine, annualisé...)
le temps partiel à mi-temps, trois quarts temps ou quatre cinquième exige une organisation hors pair.

AI-JE DE BONNES RAISONS DE TRAVAILLER MOINS ?

Qui n'a pas rêvé de s'évader du boulot au moins un jour dans la semaine ? Selon l'enquête annuelle de l'Apec, Cadroscope, réalisée auprès de 3 000 cadres, 18 % de cadres souhaiteraient franchir le cap. Un large fossé sépare pourtant les désirs de la réalité : seuls 3 % d'entre eux travaillent à temps partiel. Un chiffre qui ne varie guère au fil des ans. Côté femmes, en revanche, la proportion est plus élevée : 10 % des femmes cadres ont adopté un temps partiel. Ces pourcentages illustrent bien les préjugés dont reste victime le temps partiel. *« On a beau dire, les cadres disponibles, ceux qui sont prêts, en permanence, à répondre à leur patron, restent favorisés par rapport à ceux qui lèvent le pied. »*, reconnaît le DRH d'une grande entreprise aéronautique. Et cela en dépit des discours sur l'efficacité. *« Un cadre qui reste, tous les soirs, au bureau jusqu'à 20 heures n'est pas nécessairement plus productif qu'un salarié à temps partiel. L'essentiel est la qualité du travail rendu,* *peu importe les moyens mis en œuvre pour y parvenir. Pour autant, le fait d'être absent physiquement passe toujours aussi mal.* », renchérit un consultant spécialiste de la mise en place des 35 heures dans les entreprises. Bernard G., 34 ans, infographiste dans une agence de communication en a fait l'amère l'expérience. Son directeur général souhaite le promouvoir et lui confier davantage de responsabilités commerciales. Non seulement Bernard G. décline l'offre, mais il en profite pour solliciter un quatre cinquième. *« Je voulais utiliser ce temps libre pour me consacrer à l'écriture de bouquins pour enfants. Mon patron a failli tomber de son fauteuil. Une mère de famille passe encore ! Mais il n'a pas compris mon « manque d'ambition », m'a assuré que j'allais me fermer des portes. »*

QUAND ES-TU ABSENTE, DÉJÀ ?

Depuis, Bernard G. travaille effectivement à temps partiel. Il s'est organisé pour conserver les gros budgets dont il avait la charge et a perdu au passage 20 % de son salaire. *« L'entreprise y gagne, c'est certain. Et, mon chef n'a jamais eu à se plaindre d'une baisse de qualité, mais cette affaire lui est restée en travers de la gorge. Son attitude à mon égard a changé. Je ne suis plus prioritaire lorsque se présente un bon contrat. On « oublie » parfois de m'informer d'événements concernant la boîte. »* Sans compter la jalousie de certains collègues. *« Tout le monde a beau savoir que le lundi, je suis absente, il y a toujours un petit malin pour soupirer « Ah oui, c'est vrai, on ne peut pas faire cette réunion ! » ou demander « Quand es-tu absente déjà ? » « À force, c'est usant. »*, constate Paulina F., mère de trois enfants et assistante marketing chez un fabricant de chaussures. Et pourtant, Mathilde L., consultante dans un cabinet de conseil en ressources humaines, a entendu un DRH lui confier froidement qu'il n'appréciait rien tant que les salariées à temps partiel. *« Elles sont tout aussi efficaces et nous coûtent moins cher. »*

Avant d'opter pour une formule de temps partiel, il convient d'éviter tous les pièges. À commencer par évaluer la compatibilité de sa charge de travail actuelle avec un temps de travail réduit. Il faut donc réexaminer le contenu, l'étendue, de ses missions et de ses responsabilités avec son employeur. Un an après avoir choisi un quatre cinquième, Franck, journaliste dans un hebdo, a demandé à réintégrer son poste à plein temps. *« C'était ingérable. Je n'y arrivais pas. Sur le papier, je prenais le vendredi après-midi après le bouclage du journal et le lundi matin. Mais dans la pratique, il y avait toujours un rendez-vous à ne pas manquer, un dernier coup de fil qui m'empêchaient de couper complètement. Pour compenser, je finissais toujours un peu plus tard ou je travaillais le week-end. Dans ces conditions, il valait mieux toucher l'intégralité de mon salaire. »*

> Un rendez-vous à ne pas manquer, un dernier coup de fil...

Si, dans le cadre d'un temps plein, une bonne dose d'organisation peut permettre de grignoter du temps libre, autant parfois renoncer à un quatre cinquième officiel. Véronique G., cadre dans un laboratoire pharmaceutique situé à trente kilomètres de son domicile parisien, a négocié un temps partiel sans perte de salaire. *« J'ai demandé tous mes mercredis après-midi et la possibilité de quitter mon bureau à 17 h 30. En contrepartie, je commence à 8 heures et m'arrête une demi-heure pour déjeuner. Au final, je dépasse les 35 heures et mon boulot n'en pâtit aucunement. »* Heureux salarié d'une entreprise dont l'accord sur l'aménagement et la réduction du temps de travail s'est révélé particulièrement généreux, Paul H., res-

Cinq commandements pour convaincre mon employeur

• *Je n'entraverai pas la bonne marche du service*
Quelle que soit la nature du temps partiel, proposer la ou les solution(s) susceptibles de perturber le moins possible le fonctionnement de l'entreprise. Montrer que la question a été mûrement réfléchie et, éventuellement, envisager avec son chef de service d'autres pistes pour continuer à travailler dans de bonnes conditions.

• *Je serai d'autant plus motivé(e)*
« Bétonner » la nécessité du temps partiel. Profiter des enfants, s'investir dans une association humanitaire ou sportive, voire tout simplement prendre du temps, afin d'évacuer un stress... sont autant de motivations qui vont me permettre de concilier des besoins indispensables. Plus je serai bien dans ma peau, plus la qualité de mon travail s'en ressentira.

• *Je serai davantage organisé(e)*
Bâtir un véritable plan de bataille. Énumérer tous les aménagements trouvés pour améliorer l'organisation : chasse aux temps morts, debriefings plus courts, mais plus fréquents, échéanciers à définir avec mon employeur... afin que celui-ci n'ait pas le sentiment que les dossiers prennent du retard.

• *Je resterai disponible*
Laisser une porte ouverte. Définir les cas exceptionnels, saisonniers qui justifieront que je chamboule mes jours libérés pour les rattraper ultérieurement.

• *Mon travail sera enrichi*
La nature de mon temps partiel (responsabilités dans une association, mandat électoral, activité éditoriale...) peut me permettre de créer de nouveaux réseaux ou de développer des compétences utiles pour évoluer dans mon travail et me montrer davantage performant(e).

ponsable de clientèle à la Société Générale n'envisage même plus le quatre cinquième. « *Tous les cadres sont passés au forfait*

MA VIE DANS L'ENTREPRISE

et ne doivent plus travailler que 208 jours dans l'année, contre 222 auparavant. De son côté, ma femme hérite de seize jours de RTT. Nous envisagions, l'un ou l'autre, de prendre un temps partiel, afin de dégager les mercredis pour accompagner nos enfants à leurs activités culturelles et sportives. Aujourd'hui, ce n'est plus nécessaire. Nous alternons les gardes. Et entre les ponts et les congés, nous n'avons encore jamais manqué une occasion de passer ce jour-là avec eux. »

DÉMOTIVÉE, MOI ? SÛREMENT PAS !

Nombre de cadres n'ont toutefois pas la chance de Paul H. Mais lorsque la décision de choisir un temps partiel est prise, il faut alors développer des talents de fin négociateur pour convaincre son hiérarchique d'abord, son DRH ensuite. Et ces entretiens devront être préparés avec minutie. Caroline F., cadre dans une compagnie d'assurances, a sérieusement ficelé son dossier avant d'affronter le directeur régional. Son mari venait d'ouvrir une librairie et elle souhaitait lui donner un coup de main. En outre, sa deuxième fille venant de souffler sa première bougie, Caroline pouvait encore bénéficier de l'allocation parentale d'éducation jusqu'aux trois ans de l'enfant. *« Je désirais un mi-temps. J'ai clairement expliqué mes motivations à mon employeur. Pas question qu'il puisse penser, un seul instant, que j'étais subitement démotivée. Je me suis donné les moyens de pouvoir adapter ma demande, afin de pas trop désorganiser le service. Soit mon directeur m'octroyait deux journées et demie en continu, soit on partait sur le principe de la demi-journée libérée. »* L'occasion pour Caroline de faire le point sur son planning et sur la nature des tâches. *« Je savais ce qu'il considérait comme prioritaire et les contrats qu'il ne*

MA VIE DANS L'ENTREPRISE

voulait pas que je lâche. J'ai donc insisté pour les conserver et j'ai pointé les tâches facilement interchangeables.»

Céline G. a joué un tout autre va-tout. Avant de présenter sa requête, elle effectue un petit sondage au sein du service dans lequel elle est employée. Et apprend ainsi qu'une autre salariée souhaite, elle aussi, passer à mi-temps. Elle découvre également qu'un remplacement de congés maternité, à temps plein, touche à sa fin. *«Nous venions de trouver la solution! Dès qu'on leur fait part de notre désir de travailler à mi-temps, les employeurs n'ont qu'un souci en tête: comment faire pour recruter un autre mi-temps. Là, en remplacement de nos deux mi-temps, nous apportions un candidat tout désigné qui avait déjà pu faire ses preuves.»* Bien joué! Le passage à mi-temps des deux salariées et la conversion

> Deux mi-temps
> pour un plein...
> Pas si facile

du CDD en CDI se sont passés sans encombres. *«À la réflexion,* explique Céline G., *je sais bien que je n'étais pas tenue d'arrondir les angles. Un employeur ne peut pas légalement refuser un temps partiel dans le cadre d'un congé parental. Mais, je tenais à montrer que je comprenais mon employeur et je voulais que mon mi-temps se poursuive dans les meilleures conditions possibles.»*

UNE CROIX SUR MON JOUR DE LIBERTÉ

Sophie O., cadre dans une centrale de réservation hôtelière a su, elle aussi, faire montre de flexibilité. *«Théoriquement, le jour vaqué de mon quatre cinquième tombe le vendredi. Un contrat tacite s'est établi entre mon supérieur et moi. Jamais, il ne programmera ce jour-là, une réunion ou tout autre rencontre qui peut facilement avoir un lieu un autre jour que le vendredi. Mais, s'il s'agit d'une contrainte extérieure, émanant d'un gros client ou motivée par un déplacement à l'étranger, j'accepte de faire une croix sur mon jour de liberté. Parce que mon employeur sait qu'il peut compter sur moi, il n'en abuse pas.* » Depuis trois ans en effet, Sophie O. ne compte qu'une dizaine d'entorses à l'accord passé entre son employeur et elle. Un bilan plutôt positif !

Quant à Anne-Marie R., consultante dans un cabinet de recrutement, elle a réussi à démontrer tous les bénéfices que son employeur pouvait retirer de son quatre cinquième, qu'elle utilise pour rédiger des ouvrages sur les ressources humaines. « *L'écho donné aux ouvrages, ma participation à des colloques, des interviews dans la presse, rejaillissent positivement sur le cabinet,* explique-t-elle. *Grâce à cette activité dans l'édition, je me suis construit un réseau très utile dans ma profession de consultante. Tant que je n'exerce pas une activité en concurrence frontale, il n'y a aucun souci. Bien au contraire.* »

TEMPS PARTIEL NÉGOCIÉ N'EST PAS TEMPS PARTIEL ORGANISÉ

Du côté des directeurs des ressources humaines et des opérationnels, si le temps partiel est – souvent – synonyme d'organisation chamboulée et de discussions interminables. *« Le temps partiel correspond à un besoin. Notamment chez les plus jeunes consultants,* constate le DRH d'un cabinet de conseil et d'audit. *Chez nous, ils ne sont que 2 % à l'avoir adopté, mais on part vraiment de zéro. Et le simple fait de savoir que l'on peut oser le demander sans passer pour un tire-au-flanc est, en soi, une mini-révolution. Surtout dans l'univers du consulting. Beaucoup l'utilisent pour profiter de leurs jeunes enfants, d'autres pour exercer une activité associative ou politique. Socialement, cette prise en compte des aspirations personnelles est une bonne pub pour nous !»*

Confronté à une population de cadres majoritairement composée de femmes, cet autre DRH d'une agence de communication a choisi d'anticiper. « *Pas question d'aborder le sujet de front. Mais je ne manque jamais, lors des entretiens annuels d'évaluation, mais aussi de manière plus informelle, de tâter le terrain. J'essaie de savoir si les collaborateurs sont satisfaits de leurs conditions de travail. A fortiori si une salariée s'apprête à partir pour un deuxième congé de maternité. Bien sûr, libre à elle de ne rien révéler de ses projets d'avenir, mais s'il est possible d'instaurer un climat de confiance et de prendre les devants, cela nous laisse une marge de manœuvre pour nous retourner.* » Quant à certaines entreprises, à l'instar de Hewlett Packard, elles n'hésitent pas à favoriser le job sharing, soit le travail à mi-temps et en binôme sur un même poste.

CHOISIR UN TEMPS PARTIEL N'EST PAS HONTEUX

Une fois, le temps partiel négocié, accepté, reste à le faire vivre au jour le jour. Et là, pas question de s'installer dans le domaine de l'improvisation! Depuis son passage à 80%, Marine B., commerciale dans une entreprise agroalimentaire, vit l'œil rivé sur son agenda. « *En théorie, mon jour dégagé est le vendredi. Mais, pour des raisons évidentes de souplesse, il arrive que je choisisse un autre jour. Alors les premières semaines, je me laissais facilement déborder. J'acceptais des rendez-vous en oubliant que c'était mon jour de liberté ou alors je n'osais pas dire que je travaillais à temps partiel. Puis, j'ai fini par me rendre à l'évidence : soit je continuais à faire un temps complet payé à temps partiel, soit je m'organisais.* » Pour commencer, Marine B. a affiché entre son ordinateur et son PC un calendrier de l'année où sont marqués de rouge, les jours de congé. Son agenda porte également ces mêmes mentions. Puis, son discours s'est affirmé. « *Choisir le temps partiel n'est pas*

MODE D'EMPLOI

> LE TEMPS PARTIEL : UN CONTRAT DANS LES RÈGLES

• **Comment dois-je formuler ma demande ?**

Normalement, les modalités de la demande sont définies par une convention ou un accord de branche étendu. En l'absence d'un tel cadre, je dois adresser au chef d'entreprise une demande par lettre recommandée avec accusé de réception. Celle-ci doit préciser la durée du travail souhaitée et doit être envoyée six mois avant la date envisagée pour commencer un emploi à temps partiel. Mon employeur est tenu de me répondre, également, par lettre recommandée avec AR dans un délai de trois mois à compter de la réception de la demande.

• **Quel type de temps partiel puis-je solliciter ?**

La répartition des horaires doit être fixée par les deux parties. Elle peut s'établir sur une base hebdomadaire, mensuelle ou annuelle. Dans ce dernier cas, l'annualisation n'est autorisée que si le salarié en fait la demande pour les besoins de sa vie familiale. Sinon, il n'est plus possible de conclure un contrat de travail à temps partiel annualisé. Un accord de branche ou d'entreprise peut, toutefois, prévoir le « temps partiel modulé » qui permet la modulation sur tout ou partie de l'année de la durée de travail du salarié à temps partiel.

• **Mon employeur peut-il refuser ma demande ?**

Oui, à condition de justifier de l'absence d'emploi disponible équivalent à celui que j'occupe ou si le temps partiel risque d'avoir des conséquences préjudiciables à la production et à la bonne marche de l'entreprise. En revanche, l'employeur ne peut s'opposer à ma demande si celle-ci intervient dans le cadre d'un congé parental d'éducation, d'un congé individuel de formation ou d'un congé enseignement.

• **Et mes droits ?**

Les salariés à temps partiel bénéficient des mêmes droits et avantages que ceux des salariés à temps complet. Ainsi, quelle que soit la durée hebdomadaire et mensuelle de mon temps partiel, j'ai droit aux mêmes jours de congés payés que les salariés à temps complet. À supposer que je travaille deux jours par semaine, je comptabilise, au bout de 24 jours ouvrables, 2,5 jours ouvrables de congés payés. Je bénéficie également des mêmes droits à la formation. Quant à la rémunération, le même principe d'équité s'applique : les primes d'ancienneté et le treizième mois, dus à un salarié à temps complet doivent être «proratisés» pour un salarié à temps partiel qui bénéficie également de la participation et de l'intéressement.

• **Et si je souhaite faire machine arrière ?**

Aucun problème. Tout salarié d'une entreprise est prioritaire lorsqu'il formule une demande de temps partiel. Il en va de même lorsque celui-ci souhaite revenir à temps complet.

honteux. J'ai pris l'habitude de prévenir les clients qui me connaissent bien que je sois absente le vendredi. Et ils l'intègrent bien. » Tous possèdent le numéro de portable de Marine. Mais rares sont ceux qui l'appellent ce jour-là, même si elle a organisé une messagerie. Et surtout, Marine se montre plus efficace. « J'y ai tout intérêt. D'autant qu'une part relativement importante de mon salaire est variable. » Elle a donc dressé un bilan de l'année écoulée, mesuré les opérations les plus rentables et celles qu'elle pouvait aisément laisser tomber. « Je me suis concentrée sur les salons qui en valaient vraiment la peine. J'évite d'inviter de nombreux clients si

© APEC - Éditions d'Organisation (Groupe Eyrolles)

le jeu n'en vaut pas la chandelle. Je gagne un temps précieux sur les déjeuners. » Cette petite réflexion sur son organisation lui a valu de ne pas trop y perdre financièrement.

Gabriel V., premier maquettiste dans une société d'édition, adepte du trois cinquième et accessoirement bassiste dans un groupe amateur, s'applique à chasser les temps morts. Son entreprise a recruté un salarié à mi-temps pour le seconder et compenser le passage aux 35 heures. Mais Gabriel doit tout de même redoubler d'efficacité. « *On ne doit pas s'emmêler les pinceaux. Je suis devenu un fanatique des mémos en tous genres. Dans le bureau est affiché le calendrier des ouvrages à monter, depuis la date de remise des copies jusqu'au départ pour l'imprimerie. Puis, chaque jour, je dresse une liste des tâches à effectuer en essayant de ne jamais remettre au lendemain. En partant, je coche l'état d'avancement des travaux, que je laisse en évidence sur le bureau. Parfois, j'ai l'impression d'être devenu le roi de la paperasse, mais au moins mes collègues savent à tout moment de quoi il retourne.* »

FAIRE PLUS AVEC MOINS DE MOYENS... UN TOUR DE FORCE

De leur côté, les entreprises apprennent à gérer cette diversité d'emplois du temps de leurs équipes. Parfois au prix d'une réorganisation complète du service. Directeur d'une SSII, Jean-François F., a dû intégrer, coup sur coup, le passage aux 35 heures et la demande de quatre cinquième de l'un de ses cadres du bureau d'études. Filiale d'un groupe étranger, la SSII n'a pas reçu de feu vert pour recruter et compenser le manque de productivité. « *Cela n'a l'air de rien, mais faire plus avec moins de moyens tient souvent du tour de force. Par ailleurs, il faut savoir ménager les susceptibilités. Dans un petit service, les collaborateurs ne voient aucun inconvénient à ce que l'un des leurs prenne un temps partiel... À condition qu'ils n'écopent pas du travail supplémentaire. Or, chez nous, pas le choix. »* Jean-François F. a réuni son service et décidé de travailler autrement. Au lieu de plancher en solo sur un projet, des tandems ont été formés. *« Cela évite les catastrophes. En cas de congés, de RTT, de temps partiel ou de tout autre arrêt maladie, un cadre peut prendre le relais. Il est immédiatement opérationnel. »* Les objectifs personnels ont également été redéfinis en fonction du nombre et de l'ampleur des projets menés. *« Il est normal que ce nouveau découpage soit suivi d'effet dans la politique de rémunération. Sans motivation, on ne fait bouger personne. »*

À VOUS DE SAVOIR SI VOUS SOUHAITEZ VOUS DÉFONCER

Michel S., nouveau directeur d'une centrale de réservation hôtelière a lui aussi – partiellement – résolu l'équation gains de productivité/disparité des horaires de travail par la carotte financière. *« Désormais, nous sommes tenus d'effectuer des réservations pour des événements institutionnels dans le monde entier et plus seulement sur notre zone géographique,* explique une responsable, à Paris. *Cela génère évidemment beaucoup plus de travail. Mais, nous touchons 3 % du chiffre d'affaires de l'opération si nous parvenons à conclure la vente hors de notre secteur. »* Une organisation qui en appelle à la motivation de chacun. *« À la limite, un salarié à temps partiel peut même gagner davantage qu'à temps complet,* poursuit-elle. *À lui de savoir s'il souhaite se défoncer. »*

Reste que, dans la plupart des cas, les employeurs sont démunis. Faute de pouvoir se réorganiser ou recruter, ils recourent à l'externalisation. Intérimaires et freelances viennent prêter main forte. Mais, il arrive aussi qu'ils baissent tout simplement les bras. Cadre de l'Éducation nationale au sein d'un Crous universitaire, Isabelle T., mère de trois enfants est passée à quatre cinquième. Ses tâches n'ont pas été redistribuées. «La politique consiste à ne pas remplacer pendant le congé maternité qui peut durer des mois. Alors, songer à compenser 20 % de travail…». Conséquence, les dossiers s'entassent.

À lire :

- «Le temps partiel» par Axelle Boclé, Collection Droit du travail, Editions Rebondir, 2001, 4, 92 €
- «Le travail à temps partiel», Collectif, Journal Officiel de la République française, 2000, 94 pages, 5, 95 €
- «Le temps partiel, un marché de dupes?» par Tania Angeloff, Syros, 2000, 226 pages, 17, 53 €
Temps partiel, numéro spécial de Liaisons Sociales quotidien, 2000, 116 pages, 30,50 €
- «Les nouvelles pistes du temps de travail» par Jean-Yves Boulin, Reiner Hoffmann, Editions Liaisons, 2000, 239 pages, 22,87€
- «Contrats de travail (durée indéterminée ou déterminée, temps partiel, intérim, stage)» par Guy Lautier, Maxima, 1999, 352 pages, 28,97€
- «Aides à l'emploi-réduction du temps de travail», Rédaction des éditions Francis Lefèbvre, Francis Lefèbvre, 1999, 370 pages, 49,55€
- «Agir sur le temps de travail des cadres» par Emmanuel Lefevre, Christian Bourgoin, Anne Chatauret, Editions Liaisons, 2000, 112 pages, 10,52 €

Les fédérations et organismes spécialisés

FNATTP : (Fédération Nationale des Associations de Travail à Temps Partagé), 6-8, rue de Pic-de-Barette-75015 Paris. Tél. : 01 45 54 91 72

Minitel : 3615 TTP (liste des associations adhérentes répertoriées par ville).

OTP : (Observatoire du Temps Partagé) s/o ANDCP (Association Nationale des Directeurs et Cadres de la fonction Personnel), 29, avenue Hoche-75008 Paris. Tél. : 01 56 88 18 31 (permanence le jeudi matin uniquement).

E-mail : otp@andcp.fr

SETT : (Syndicat des Entreprises de Travail Temporaire), 54-56, rue Laffite, 75320 Paris Cedex 09. Tél. : 01 55 85 85

www.sett.org

© APEC - Éditions d'Organisation (Groupe Eyrolles)

> TEMPS PARTIELS À LA CARTE CHEZ CGU

En 1995, bien peu d'entreprises misaient sur l'aménagement et la réduction du temps de travail. Les adeptes de l'équilibre vie privée/vie professionnelle faisaient également figure d'avant-gardistes. CGU France, filiale du groupe britannique CGNU spécialisé dans les assurances, décide de jouer les pionniers. Certes, confrontée à la nécessité de réduire sa masse salariale, la société fait d'une pierre deux coups. Validé par un accord d'entreprise, CGU France propose à l'ensemble de ses 3 500 salariés dont 1 500 cadres d'accéder, sur la base du volontariat, au « temps partiel équilibre ». Un projet innovant déclinant toute la palette des temps partiels. En 1997, à la naissance de Clément, son deuxième enfant, Véronique N., chargée de communication dans le groupe, opte pour la formule à 66 %, dite « scolaire ». *« C'était idéal. J'avais droit à tous les mercredis, les vacances scolaires de Noël, février, Pâques... Sans oublier les cinq semaines d'été, soit douze semaines au total. »* Seule contrepartie : s'engager pour quatre ans. Mais, Véronique n'hésite pas une seconde. *« Les conditions étaient extrêmement favorables. D'autant que l'entreprise abondait cette formule. En réalité, j'étais rémunérée à 78 %. »* Cerise sur le gâteau, une prime de 10 000 à 15 000 francs [1] est octroyée à la signature. Et comme bon nombre

---

(1) *Monnaie en usage en 1997.*

de jeunes parents susceptibles de choisir ce dispositif, Véronique peut bénéficier de l'allocation parentale d'éducation... non-imposable. *« J'aurais vraiment eu tort de ne pas en profiter. »*, analyse-t-elle.

Jamais à court d'idées, CGU France développe également les mi-temps, les 60 % et autres 70 %, soit la possibilité d'alterner les semaines de 4 jours, puis de 3... Des formules en binômes associant deux salariés à mi-temps et un temps partiel conçu pour les seniors en fin de carrière sont également élaborées. Si l'opération connaît un franc succès, sur le terrain, les choses se corsent parfois : *« Nous avons affaire à une population assez féminine. Tout un service « mis » en vacances au même moment, cela devient vite intenable. Et peut même pénaliser les parents qui, travaillant à temps complet, souhaitent, quand même, partir pendant les congés scolaires. »*, souligne Véronique. À l'épreuve du temps, l'entreprise instaurera des quotas et affinera le dispositif qui continue d'être renégocié avec les partenaires sociaux.

D'autant que les 35 heures sont passées par là. Dès 1997, la société est l'une des premières du secteur de l'assurance à signer un accord, novateur et progressif. La première année, les salariés bénéficient de trois jours de RTT, puis la seconde de cinq jours... pour, en bout de course, atteindre quinze jours de RTT. Dans la foulée, un compte-épargne temps permet aux salariés d'y déposer dix jours maximum de congés payés et la totalité de leurs journées RTT, abondées de 30 % par l'entreprise dans le cadre du forfait tous horaires. Encore une aubaine pour Véronique. *« Entre les vacances scolaires et la RTT, je ne parvenais pas à prendre tous mes jours* de congés. *Je dispose maintenant d'une très bonne solution pour ne pas les perdre.* » À l'issue de ses quatre ans à 66 %, Véronique demandera, d'ailleurs, à passer à 80 %. Cadre au forfait, elle ne compte pas ses heures, s'organise avec les nounous pour rentrer plus tard s'il le faut, mais conserve ses mercredis. Et s'avoue satisfaite de la formule. *« C'est beaucoup plus gérable et conforme à la réalité de ma charge de travail. Il m'arrive de venir au bureau le mercredi, mais c'est rare. »*

Un esprit donnant-donnant, partagé par la plupart de ses collègues à temps partiel. *« Il est nécessaire de savoir se montrer souple si l'on souhaite continuer à travailler sur des projets intéressants. »*

© APEC - Éditions d'Organisation (Groupe Eyrolles)

Chapitre **4**

ALLEZ, JE M'OFFRE UN BREAK !

Congé sabbatique, congé individuel de
formation, allocation parentale d'éducation...
les formules ne manquent pas pour, enfin,
s'offrir ce « break » tant désiré. Souffler un
moment, avant de replonger, de plus belle, le
nez dans le boulot. Des solutions, très prisées
par des cadres qui trouvent là un excellent
moyen de concilier leurs aspirations
personnelles avec leur travail et, parfois, de faire
le point sur leur carrière... pour prendre un
nouveau départ. Mais attention, une parenthèse
mal préparée peut s'avérer risquée pour la suite
de sa vie professionnelle. Avant même le départ,
il s'agit de penser au retour.

OUVRIR
LA PARENTHÈSE...
ET LA REFERMER !

« *Le congé sabbatique est une pause, une respiration souvent salutaire et il entre de plus en plus dans les mœurs* » assure ce consultant d'un cabinet de conseil en ressources humaines. Et, de citer l'exemple du directeur général d'un grand cabinet d'audit parti faire, juste avant sa promotion, le tour des États-Unis à bord d'un camping-car avec toute sa petite famille. « *C'est par la prise en compte de ce nécessaire équilibre entre les différentes composantes de notre vie que nous éviterons les démissions, les frustrations, que nos personnels seront plus épanouis. L'entreprise doit s'adapter, c'est son intérêt. C'est ainsi qu'on attirera les meilleurs et qu'on les fidélisera.* », renchérit le directeur des ressources humaines d'un chantier naval. Dans son entreprise deux ingénieurs confirmés ont d'ailleurs pris un congé sabbatique, l'un pour aménager sa maison, l'autre pour faire une longue traversée à la voile. Et les exemples ne manquent pas. D'autant que les comptes-épargnes temps offrent des facilités pour prendre de longs congés.

Pourtant, et les directions des ressources humaines s'en

MA VIE DANS L'ENTREPRISE

réjouissent à mots couverts, il ne faut guère s'attendre à une déferlante. Le congé sabbatique, par définition sans solde, sauf cas exceptionnel, n'est pas à la portée de toutes les bourses. Difficile de se priver de onze mois de salaire lorsqu'on a des enfants à charge et un prêt immobilier à rembourser. La plupart des candidats au départ sont jeunes, sans attaches, ou avec des enfants en bas âge, et adeptes de la philosophie « C'est maintenant ou jamais ! » Sabine J., ingénieur dans la chimie, a décidé de faire le grand saut après sept ans de bons et loyaux et services. Son compagnon, traducteur freelance, caressait, lui aussi, le rêve de parcourir l'Amérique du Sud. Un projet qu'ils ont mûri et préparé près d'un an à l'avance, sans oublier les cours du soir d'espagnol. Et la foule de détails pratiques : papiers, visas, vaccins, sous-location de leur appartement grenoblois.

PARTIR EN PRÉPARANT SON RETOUR

Côté professionnel, Sabine a fait part de son projet près de huit mois avant de lester son sac à dos (la loi de 1984 exige que l'on informe son employeur au plus tard trois mois avant le départ). *« Je voulais sonder le terrain. Normalement, personne n'est tenu de motiver un congé sabbatique. Mais, il me semblait plus intelligent d'expliquer pourquoi j'avais besoin de me ressourcer. J'ai rassuré mon patron sur mon implication. Je lui ai, d'ailleurs, dit que je ne prenais plus de congés jusqu'à mon départ, mes jours étant affectés sur un compte-épargne temps. Il pouvait donc compter sur moi à plein temps. »* Sabine J. a, d'emblée, abordé la question du retour. *« Par expérience, mon chef de service m'a conseillé de ne pas perdre complètement le contact avec l'entreprise et de revenir humer l'air du bureau aussitôt remis le pied en France. Histoire de faciliter la réintégration. »* Car un départ et un retour, mal préparés, peuvent s'avérer délicats. *« Inutile de partir sur un coup de tête*, confie Jérôme D., 37 ans, expert-comptable, «expatrié» neuf mois pour aider sa sœur et son beau-frère à monter un restaurant français, à Los Angeles. *L'un de mes amis, lassé, stressé par son boulot, est ainsi parti du jour au lendemain... Il s'en est mordu les doigts. Il n'avait rien prévu, hormis se reposer. Il a passé des mois à gamberger sur son avenir, redoutant le moment fatidique du retour au bureau.»* D'autant que réintégrer son entreprise, démotivé et angoissé, ne passe jamais très longtemps inaperçu. Jérôme qui, pour sa part, s'était fixé des limites, s'estime satisfait, *«plus riche d'expériences»* et *«totalement requinqué».* *«J'ai même fait remarquer à mon employeur qu'il avait économisé des cours de remise à niveau d'anglais.»*, plaisante-t-il.

Mais tous les cadres n'ont pas la chance de pouvoir bénéficier d'un congé sabbatique et de retrouver une place au chaud dans leur entreprise. Pierre-Yves R., administrateur de réseau dans une SSII, a bien senti que sa proposition «ne passerait pas». Son patron lui a clairement expliqué que personne ne pouvait, étant donné la charge de travail et le sous-effectif chronique, *« Se payer le luxe de crapahuter à Madagascar pendant des mois.»* Nicole N., directrice de collection dans une maison d'édition a vécu la même mésaventure. Son projet, de suivre son mari muté à Singapour, a rencontré une vive opposition. *«J'avais sollicité un congé sabbatique de onze mois. Lors du deuxième entretien avec mon supérieur hiérarchique, j'ai trouvé sur son bureau une lettre de démission avec mon solde de tout compte. L'entreprise a besoin de salariés investis à fond*, a-t-il avancé. *J'avais le choix de rester ou de prendre la porte.»* Certes, Nicole N. aurait pu persé-

Le luxe de crapahuter à Madagascar pendant douze mois

Le temps libre rémunéré

Un congé sabbatique, c'est sympa. Sans solde, ça l'est moins. Un tel projet n'est donc pas accessible à tous. Certaines entreprises ont pourtant décidé de mettre au point un dispositif de congé sabbatique partiellement rémunéré. Certes, elles ont mûri cette réflexion en période de crise. Cette mise à l'écart aux frais de l'entreprise leur permet de ne pas avoir à se séparer de très bons éléments dès le premier retournement de conjoncture. Aux salariés qui avaient toujours rêvé de réaliser un projet personnel de saisir la balle au bond, en attendant que passe l'orage. Sur la base du volontariat, ces candidats peuvent partir de trois à douze mois tout en percevant entre 20 et 50 % de leur rémunération. La branche téléphonie mobile de Siemens a adopté le sys-tème, baptisé «time out». À la fin de l'année 2001, le programme «Flex-leave» d'Accenture (ex-Andersen Consulting) a ainsi permis à quelque 2 200 consultants sur un effectif de 75 000 salariés dans le monde de prendre un congé tout en continuant de bénéficier de la couverture sociale. Une parenthèse mise à profit pour voyager, mener à bien une mission humanitaire, s'occuper de leurs enfants, voire tra-vailler... sauf, bien sûr, à la concur-rence. Quant à l'américain Cisco, son programme propose une variante : il ne s'adresse qu'aux salariés licenciés. Et, ceux-ci ne peuvent l'utiliser que dans le cadre d'un projet associatif. Mais à l'is-sue du congé, ils ont, à nouveau, la pos-sibilité de faire acte de candidature en interne.

vérer, formuler une deuxième demande. *« Le droit était avec moi. Je réunissais toutes les conditions requises. Mais, cela allait prendre du temps et je n'avais aucune envie de me préparer à vivre l'enfer. Et puis, il n'est guère motivant de réaliser que l'on bosse pour une entreprise qui ne se soucie que de votre produc-tivité. »* Nicole N. a fait ses valises pour l'Asie. Pierre-Yves R. après avoir mûrement réfléchi, en est arrivé aux mêmes conclusions. À l'issue de son périple dans l'Océan Indien, il a d'ailleurs retrouvé le marché de l'emploi aussi tendu[1] qu'il l'avait laissé. Et n'a eu aucun mal à *« retourner au charbon »*.

EN VISITE À JOHANNESBOURG, IL EST RECRUTÉ !

Aux cadres d'oser prendre des risques. Loïc L., 32 ans, responsable commercial dans une entreprise de téléphonie mobile, est parti à la faveur d'un plan social. *« Plus on partait tôt, plus le chèque était important. En additionnant cette prime et les indemnités conventionnelles et légales, je partais avec plus d'un an et demi de salaire. C'était l'occasion rêvée, le coup de pouce qui me manquait pour réaliser un rêve, sillonner les déserts africains. Certaines personnes de mon entourage m'ont déconseillé de dilapider ainsi ce petit capital, de jouer plutôt la prudence en attendant d'avoir trouvé un nouvel emploi. Mais l'expérience me tentait trop. »* Loïc L. a coupé la poire en deux, réservant une partie de la somme pour son retour en France et utilisant l'autre pour un voyage de huit mois. Il avait également dans l'idée de trouver un emploi sur place. Bien lui en a pris. En visite chez des amis à Johannesbourg, il a été recruté par une banque sud-africaine !

En marge de ces cadres globe-trotters, certains choisissent de s'octroyer une parenthèse pour mieux rebondir dans leur entreprise, voire changer complètement d'horizon. Le congé individuel de formation (CIF) peut les y aider. Mais, là encore,

---

(1) *On qualifie de « tendu », un marché qui se caractérise par un nombre plus élevé d'offres que de demandes d'emploi. Il est donc plus facile de trouver un emploi sur un marché « tendu » que lorsque la concurrence entre les candidats est vive, du fait de leur plus grand nombre.*

Un employeur peut-il me refuser un congé de solidarité internationale ?

Tout salarié est en droit de prendre un congé de six mois maximum sans solde pour assurer une mission humanitaire à l'étranger ou pour travailler pour le compte d'une association internationale dont la France est membre. Les conditions ? Posséder au moins douze mois d'ancienneté dans l'entreprise et informer son employeur par lettre recommandée avec accusé de réception, au moins un mois à l'avance, de la demande du congé, de sa durée et de l'association concernée. Le chef d'entreprise peut refuser la demande sous réserve de justifier de conséquences préjudiciables à la bonne marche de l'entreprise ou si le nombre de salariés bénéficiant d'un congé de solidarité internationale dépasse une certaine proportion. Exemple : un seul bénéficiaire pour 50 salariés, pas plus de quatre pour un effectif compris entre 200 et 499 salariés, pas plus de six lorsque l'entreprise compte de 1 000 à 1 999 salariés...

se joue une partie serrée. À l'instar d'un bilan de compétences, une demande de CIF est encore très souvent perçue comme un avant-goût de départ définitif. Tout dépend bien sûr, du lien entre la formation souhaitée et les perspectives d'évolution souhaitées dans l'entreprise. Maryvonne M., 43 ans, assistante de direction dans une agence de communication s'est découvert une passion tardive pour le marketing. Elle repère l'école de commerce qui dispense des cours en formation continue, remplit un dossier auprès de l'organisme auquel son entreprise verse sa contribution au titre du congé individuel de formation, afin d'être financée, et plaide son cas auprès de son directeur. « *Il a très bien compris mes aspirations. Il a même trouvé courageux de retourner sur les bancs de l'école. Bien entendu, il ne m'a rien promis à mon retour dans l'entreprise. Mais, lui comme moi, savions que mes nouvelles compétences pouvaient, le cas échéant, être utilisées dans l'agence. »*

Le dossier s'est révélé plus complexe pour Michèle G., 47 ans, maquettiste dans une petite agence de presse. Attirée par la création de sites Internet, elle n'ignorait pas que son entreprise ne pourrait lui proposer un poste en adéquation avec ses nouvelles aptitudes. *«J'ai parfaitement compris son souhait de progresser, de s'orienter vers une activité plus motivante, qui lui correspondait davantage,* explique sa responsable. *Après douze années passées dans une entreprise, il est légitime de s'aérer un peu. Mais j'ai voulu jouer cartes sur table. Je lui ai vivement conseillé, si elle souhaitait travailler dans le Net, de chercher un poste avant son retour dans l'entreprise. »* Un avis que ne suit pas Michèle G. Plus du tout habituée à rechercher un emploi, elle met du temps à lancer des pistes. *«À l'issue du CIF, elle est donc revenue à l'agence,* poursuit la directrice. *Emballée par sa formation, mais lestée de plomb. Elle n'avait qu'une seule idée en tête : partir. Pour le reste de l'équipe, notamment la personne qui la remplaçait et qui souhaitait voir son CDD prolongé, la situation fut difficile à vivre. »* Pour la plus grande satisfaction de tous, Michèle G. trouve chaussure à son pied moins de deux mois après son retour et quitte l'agence. Là encore, le contexte économique lui a été favorable.

> Elle n'avait qu'une seule idée en tête : partir

LE CONGÉ PARENTAL D'ÉDUCATION ? PAS SI FACILE !

ombien sont-elles – mais on compte de plus en plus de papas – à penser *« Si j'ai des enfants, ce n'est pas pour les laisser tôt le matin et les reprendre tard le soir ! »*… Pour les parents angoissés à l'idée de laisser filer les jeunes années de leurs enfants sans être suffisamment présents, rien de tel il est vrai, que le congé parental d'éducation. Mais, cette « mise en disponibilité » si vivement souhaitée par de nombreux jeunes parents, n'est pas facilement accessible. Premier écueil, le congé parental d'éducation n'est pas rémunéré. Certes, depuis la loi de juillet 1994, la naissance d'un deuxième bébé permet de percevoir l'allocation parentale d'éducation (APE, réservée depuis 1985 aux familles de trois enfants) à taux plein ou à taux partiel (selon que l'on travaille à plein temps ou à temps partiel) jusqu'aux trois ans de l'enfant. Mais cette allocation reste faible (474,93 euros mensuels pour une APE à taux plein, chiffres 2001) et freine bon nombre de cadres. La perte de revenus est, en effet, loin d'être négligeable. Selon la Caisse nationale d'allocations familiales, elle s'élève à environ 14 % pour un foyer de smicards, à 22 % pour les professions intermédiaires et à 35 % pour un couple de cadres. De quoi faire réfléchir !

Deuxième obstacle d'ordre psychologique : la crainte de se voir classer «hors course» et de constater que son évolution de carrière se ralentit sérieusement. À l'issue de son congé parental d'éducation d'un an, pris dans la foulée de ses congés maternité, Axelle de L., deux enfants, cadre dans une entreprise de restauration collective, a connu un retour difficile. *« Le directeur avait changé. Le nouveau avait mis en place son organisation et ne voyait pas d'un très bon œil que je réintègre mon poste. Il m'en a proposé un nouveau, équivalent à celui que j'occupais, mais sur un autre site à 35 kilomètres de la maison mère. Mon contrat comporte une clause de mobilité. J'étais coincée. Il savait qu'avec deux enfants en bas âge, cela me compliquait la vie. Nous avons négocié mon départ. »* Fort heureusement, tous les employeurs n'agissent pas de la sorte. Mais, mieux vaut savoir évaluer les risques et assumer ses choix en toute connaissance de cause !

SE RETROUVER BRUTALEMENT À LA MAISON

Enfin, on n'y pense pas… mais se retrouver brutalement à la maison n'entraîne pas toujours les effets escomptés. *«J'ai vite déchanté,* se souvient Isabelle B., qui a abrégé son congé parental au bout d'un an. *Question repos, avec deux gamins, on repassera ! Surtout, je n'avais pas imaginé tous les effets possibles de ce changement de rythme, les petits coups de cafard… Je me réjouissais à l'idée de pouponner, mais finalement je n'ai pas toujours bien vécu ce décalage avec mon mari et la plupart de mes amis, au boulot du lundi au vendredi. Une solution à temps partiel m'aurait sans doute mieux convenu.* »

Quant aux parents bien déterminés à profiter pleinement de leur progéniture, ils doivent surtout affronter les préjugés et prouver leur motivation au boulot. Jeanne S., chargée de clientèle dans une agence bancaire a préparé le terrain. Enceinte de son deuxième enfant, elle annonce très vite la couleur. *« J'ai d'emblée informé le directeur de l'agence de ma grossesse et lui ai fait part de mon intention de prendre un congé parental d'un an. Afin qu'il puisse s'organiser dans les meilleurs délais. J'ai expliqué que c'était une occasion unique et qu'un break me permettrait de repartir de plus belle. Je lui ai même fait part de mes objectifs professionnels pour les prochaines années. Élever des enfants ne signifie pas mettre son ambition en sourdine.* » Il est vrai que, dès son retour, Jeanne S. met sur pied une organisation sans faille: nourrice, baby-sitters… *« En l'espace de deux ans, j'ai dû m'absenter une journée pour emmener ma fille chez le pédiatre,* assure-t-elle. *D'ailleurs, il n'était pas question de se montrer démobilisée. J'ai même dû mettre les bouchées doubles car, dans l'intervalle, mon directeur d'agence a été muté. Mais, cela n'a rien changé au déroulement de ma carrière et j'ai obtenu la promotion que je désirais.* » Une attitude appréciée par bon nombre d'employeurs.

À la tête d'une PME dont les deux tiers des effectifs sont féminins et en âge d'avoir des enfants, Pierre-Alain E. préfère le franc-parler. *« Mon épouse a pris un congé parental de deux ans, après la naissance de notre deuxième enfant. J'aurais donc mauvaise grâce à ne pas accepter ce type de démarche. J'ai moi-même recruté une assistante qui m'a avoué être enceinte le jour*

> Un break me permettrait de repartir de plus belle

Mini-break pour papa poule

Petite révolution au sein des ménages. Depuis janvier 2002, les pères ont droit à un véritable congé paternité. Certes, il s'agit là d'un «mini-break», puisque les pères ont droit à onze jours calendaires (plus les trois jours, dont ils bénéficiaient déjà). Au regard des congés paternité d'un mois en Suède et en Norvège, et la possibilité pour les pères danois de prendre dix semaines de congés rémunérés après la naissance de l'enfant, la France reste timide. Mais elle existe. Établir une véritable parité, bousculer la répartition des tâches ménagères traditionnellement dévolues aux femmes, impliquer les hommes dans l'éducation des enfants sont préoccupations légitimes. De même l'aspiration des «nouveaux pères» à pouponner.

Ce congé paternité pourrait bien commencer à renverser la tendance. Tout d'abord, il est rémunéré, à l'instar du congé maternité. Certaines entreprises qui garantissent aux jeunes mères la perception de 100 % de leur salaire (soit au-delà du plafond des indemnités journalières versées par la Sécurité sociale) ont décidé de renégocier leur accord pour étendre ce droit aux pères. Deuxième élément d'importance, ce droit s'adresse aux hommes et à eux seuls. Si ce congé n'est pas pris, il est perdu. Ce qui devrait inciter les pères à ne plus bouder leur plaisir. «*Pour une fois, on fait avancer l'égalité en alignant les droits des hommes sur ceux des femmes et non l'inverse.*», explique Margaret Maruani, sociologue au CNRS, Iresco et fondatrice du Mage, groupement de recherche centré sur la question de la différences des sexes. À la différence de l'allocation parentale d'éducation, faiblement rémunérée, et qui peut être théoriquement choisie indifféremment par le père et la mère – mais qui, dans les faits, se révèle être une allocation maternelle d'éducation –, le congé paternité devrait connaître davantage de succès chez les cadres.

de son dernier entretien. Je me suis dit que cela allait compliquer la situation, mais j'ai également pensé qu'en contrepartie, si une salariée se sentait à l'aise chez nous, libérée de ses angoisses, elle nous serait, à terme, reconnaissante et surtout fidèle. Ce jour-là, j'ai fait un gros pari. En revanche, j'apprécie en retour une certaine sincérité. Si une majorité de collaboratrices nous préviennent au dernier moment qu'elles comptent s'absenter trois ans, notre organisation va en prendre un sacré coup... »

Sur le papier, le congé parental d'éducation assorti d'une allocation parentale d'éducation (APE) paraît constituer une solution idéale pour concilier vie professionnelle et désirs de parents. Dans les faits, il n'est pas toujours très accepté. Même si son succès a dépassé toutes les espérances. En 1994, on compte 175 000 bénéficiaires de l'APE (Source: *Cnaf*). Huit ans plus tard, leur nombre atteint 540 000. Cela étant, le profil de ces allocataires est loin d'être hétérogène. À 99 %, la mesure est choisie par des femmes. Certes, bon nombre de jeunes mères voient là un moyen de profiter de leurs enfants mais pour une majorité d'entre elles, peu qualifiées et mal rémunérées, il s'agit surtout de troquer un travail difficile contre la possibilité de rester à la maison. Calculette en main, les conclusions s'imposent d'elles-mêmes: la perception de l'APE et les frais de garde en moins compensent parfois un Smic.

QUAND PAPA ACHÈTE LES PETITS POTS

Plus à l'abri de cette tentation, les cadres redoutent, surtout, l'impasse professionnelle, la déqualification. À commencer par les hommes, qui, en prime, ont à affronter une société encore soupçonneuse à l'égard d'un père qui achète les petits pots et change les couches. Chez Fleury-Michon, quinze ans après l'introduction de l'APE, on ne comptait qu'un seul homme parmi la soixantaine de bénéficiaires. Au Crédit Lyonnais qui favorise pourtant le dispositif, les papas poules se comptent sur les doigts d'une main... Et pourtant, si les papas s'y mettaient, ils feraient drôlement évoluer les mentalités!

À lire :

- «**Avoir du temps, ça s'apprend !**» par M. Deye, 2002, 126 pages, Prat, 10 €
- «**A la recherche du temps convenu**» par D. Thierry, Charles Perrien, Editions d'Organisation, 1997, 192 pages, 23 €
- «**Et si les femmes réinventaient le travail...**» par Cristina Lunghi, Eyrolles, 2001, 184 pages, 18 €
- «**Histoire du travail des femmes**», par Françoise Battagliola, La Découverte, Repères, 2000, 122 pages, 7,95 €
- «**Les mères qui travaillent sont-elles coupables ?**» par Sylviane Giampino, Albin Michel, 2000, 304 pages, 15,93 €
- «**Le temps des femmes, pour un nouveau partage des rôles**», par Dominique Meda, Flammarion, 2001, 222 pages, 5, 79 €
- «**Masculin-Féminin : questions pour les sciences de l'homme**», sous la direction de Jacqueline Laufer, Catherine Marry et Margaret Maruani, Puf, 2001, 246 pages, 22,50 €
- «**Gérer son temps**» par Tim Hindel, Mango Pratique Fontaine, 72 pages, 5,50 €
- «**Travailler à temps partiel**» par Marie-Laure Théodule et Christine Labbé, Rebondir, 135 pages, 5,95 €

Pour vous aider :

Le Fongecif (Fonds de gestion du congé individuel de formation) Leur liste se trouve sur le site www.c-i-f.com ou 3615 FONGECIF
(Foncecif Ile de France) : informations et conseils pour les salariés. Dispositifs en alternance. Conseil et formation sur mesure pour les entreprises. Tour Maine Montparnasse, 33, avenue du Maine, 75015 Paris. Tél. 01 44 10 58 58
www.fongecif-idf.fr

Pour faire le point :

www.cibc.net : CIBC (Centre inter-institutionnel du bilan de compétence) : 142 rue Montmartre, 75002 Paris
01 55 80 58 80

> COMMENT NÉGOCIER UNE PARENTHÈSE DE QUELQUES MOIS ?

- **Les conditions légales**
- **Le congé sabbatique :** chaque salarié peut solliciter un congé sabbatique, non rémunéré, de six à onze mois s'il possède au moins trois ans d'ancienneté dans l'entreprise, au moins six années d'expérience professionnelle et s'il n'a pas bénéficié dans les six années précédentes d'un congé sabbatique, d'un congé de formation d'au moins six mois, ou d'un congé pour création d'entreprise. Il doit informer l'employeur de sa demande au moins trois mois à l'avance, par lettre recommandée avec accusé de réception. Celui-ci peut, éventuellement, différer le départ de six à neuf mois. À l'issue d'un congé, le salarié retrouve son emploi précédent ou un emploi similaire assorti d'une rémunération équivalente.

- **Le congé individuel de formation (CIF) :** il suffit de justifier d'une ancienneté professionnelle d'au moins vingt-quatre mois dont douze dans l'entreprise, de ne pas avoir déjà bénéficié d'un

CIF (les délais, pour en obtenir un nouveau, s'allongent) et de présenter sa demande (calendrier, intitulé et nom de l'organisme de formation) au moins deux mois à l'avance si la formation dure moins de six mois ou se déroule à temps partiel et quatre mois, si celle-ci est à temps plein et dépasse six mois.

Le congé ne peut excéder un an pour un stage à temps plein ou 1 200 heures pour une formation à temps partiel.

Les salariés peuvent, également, adresser un dossier de financement à l'organisme auquel leur entreprise verse la contribution CIF, voire au Fongecif de leur région.

L'employeur doit répondre dans les trente jours. Il peut refuser, après avis du comité d'entreprise ou des délégués du personnel, s'il estime que la formation peut être préjudiciable à la bonne marche de l'entreprise (mais le report ne peut excéder neuf mois) ou si le nombre de salariés en congé individuel de formation dépasse certaines proportions.

– **Le congé parental d'éducation :** une salariée, en congé maternité, a un mois avant l'expiration de ce dernier pour présenter sa demande de congé parental. Dans les autres cas de figure, les collaborateurs (trices) doivent informer leur employeur de leur projet au moins deux mois à l'avance. Un an d'ancienneté à la date de naissance de l'enfant ou de l'arrivée au foyer d'un enfant adopté est nécessaire pour bénéficier d'un congé parental d'un an, renouvelable deux fois. L'employeur ne peut refuser. À la naissance du deuxième enfant, le salarié bénéficie de l'allocation parentale d'éducation.

- **Quelques clés pour réussir :**
- – dresser un bilan objectif de son projet. Pourquoi faire une pause ? Éviter les coups de tête. Mesurer le pour et le contre. Évaluer les risques professionnels.
- – bien préparer son départ. Savoir comment occuper son temps. Se fixer des échéances.
- – négocier avec son employeur. Motiver sa décision. Mettre en avant les retombées positives pour la Société (s'arrêter pour revenir galvanisé, apprendre une langue, acquérir de nouvelles compétences...).
- – prendre régulièrement contact avec son entreprise, surtout vers la fin du congé.

Au besoin, essayer de négocier une formation de remise à niveau ou un bilan de compétences, juste avant de sauter dans le grand bain.

Chapitre **5**

MOINS D'HEURES, MAIS PLUS DE TRAVAIL

À l'ère du «juste à temps», de la production à «flux tendu», des services sur-mesure, tous les salariés et plus seulement les opérateurs sont contraints de répondre à des normes de qualité et de vitesse de plus en plus exigeantes. Le temps s'est emballé. Et, paradoxe, alors que la durée du travail ne cesse de diminuer, son intensité ne fait que croître. Et, avec lui, son lot de fatigue et de stress. Savoir organiser son temps -et, parfois, celui des autres- devient l'allié le plus précieux des cadres soucieux de ne pas se retrouver confrontés aux dossiers qualifiés de «super urgents» ou aux travaux à réaliser pour... la veille. Une remise à plat qui nécessite parfois de passer par des formations et de procéder à un -petit- réajustement de son ego!

À LA RECHERCHE DES TEMPS PERDUS

Urgent! Le mot est partout: sur les dossiers, les e-mails, les courriers, les post-it, au téléphone, jusque dans le moindre échange professionnel... *« C'était toujours pour la veille... »* Bref, la pression est sans relâche. Réactivité, prise de décision rapide, résolution des problèmes, délais de livraison de plus en plus serrés...

Les entreprises l'affirment à l'envi: «On n'a pas le choix. C'est ça ou on reste sur le carreau». Aux cadres de s'adapter. Directrice commerciale dans une régie publicitaire, Christine B. voit les objectifs qui lui sont fixés, s'alourdir d'année en année. *«À charge pour toute l'équipe de trouver les ressources nécessaires, de nous organiser au mieux, pour conserver notre job, mais aussi pour ne pas passer des soirées au bureau. Ma famille trouve que j'ai déjà tendance à trop m'investir dans le boulot.»* Beaucoup de salariés, à l'instar de Christine B., connaissent cette situation. Davantage de travail, moins de temps – en principe – et une quasi-obligation de puiser au sein de son équipe ou dans ses propres capacités, les élans et les ressources utiles. De fait, la chasse aux temps morts est ouverte.

Dans les entreprises, les formations à la gestion du temps fleurissent. Guides pratiques, CD-Roms, jeux de sociétés sont spécialement conçus pour apprendre à reconnaître et à gérer les urgences. Avec le soutien de coach, de formateurs, voire de leur propre chef, cadres et salariés décortiquent leurs manières de travailler. Jean-Pierre D., directeur régional dans une PME de mécanique et responsable d'une équipe d'une trentaine de personnes, a suivi une formation étalée sur quatre jours. Première étape: apprendre à se connaître. *« Le formateur m'a demandé de remplir un tableau répertoriant mes activités, quasiment heure par heure, sur une semaine type. J'ai dû, également, évaluer le degré d'importance de chaque tâche et si chacune d'elles était exclusivement de mon ressort... Il m'a fallu mesurer le temps consacré aux réunions, aux discussions informelles avec les collègues de travail. Le constat a été effarant: le temps passé, à véritablement régler les problèmes, se réduit à une peau de chagrin. »* Jean-Pierre D. a pu identifier les activités chronophages et sources de perte d'énergie. *« J'avais tendance à vouloir satisfaire toutes les demandes à la fois. Répondre à un client, à un membre de l'équipe, m'interrompre pour traiter une question administrative... J'ai appris à repérer les priorités, à savoir terminer une tâche sans en commencer une autre. »* Directeur du cabinet Panel France, Paul Ohana, spécialiste du management et des ressources humaines a identifié quatre comportements classiques sur lesquels il convient de travailler pour les faire évoluer: **l'urgentisme** ou la tendance à travailler dans l'urgence; **le manianisme** ou le réflexe de tout renvoyer à plus tard; **l'acceptationnisme** ou le fait de tout accepter

> Mesurer le temps consacré aux réunions, aux discussions informelles...

d'autrui et, enfin, **le perfectionnisme** ou la volonté de trop bien faire.

Après avoir effectué cette autocritique, Jean-Pierre D. s'est frotté à une utilisation rationnelle de ses outils de travail : ordinateur, messagerie électronique, portable. À en croire les sondages, les cadres sont interrompus toutes les sept minutes, reçoivent entre 10 et 40 e-mails quotidiens, ce qui leur vaut cette appellation de «cadrus interruptus» empruntée à Yves Lasfargue, auteur de «Techno mordus, techno exclus»... Selon une enquête, réalisée en 2002 par le cabinet Inter Cultural Management (ICM) et Time System, 90 % des cadres se connectent à Internet dont 36 % quotidiennement. Quant au téléphone portable, il tend à *« Rendre de plus en plus floue la frontière entre vie privée et vie publique et constitue donc un élément extrêmement perturbateur dans la vie du cadre »*, relève l'enquête.

TÉLÉPHONE OU E-MAIL IL FAUT PARFOIS CHOISIR

Jean-Pierre D. n'échappait pas à la règle. *« Avant la formation, il m'arrivait parfois de passer plus d'une heure et demie à lire et à répondre à mes courriers électroniques, perso et professionnels. Je me suis mis à les parcourir en diagonale, à les hiérarchiser, à trouver le moment le plus opportun pour m'y consacrer. Et surtout, j'ai tiré profit des véritables avantages du Net. Selon les cas, passer un coup de téléphone peut s'avérer plus productif qu'écrire un e-mail. Mais l'inverse est également vrai. Désormais, je sais choisir. »* Puis, notre directeur régional a achevé sa formation par une préparation à l'animation de réunion. *« On gagne un temps précieux à se poser certaines questions : la réunion a-t-elle vraiment lieu d'être ? Combien*

Pour ou contre les plannings partagés

L'agenda électronique en réseau... Les directions en rêvaient, les éditeurs de logiciels l'ont fait. Au rencard, les vieux agendas et les organiseurs où s'entassaient memos et cartes de visite et que l'on cachait aux regards des autres. Désormais, les entreprises mettent en place des plannings partagés. En clair, toutes les activités, les rendez-vous et les congés de chaque salarié d'un service sont répertoriés, quasiment heure par heure, sur un agenda électronique accessible en réseau à tous les autres collaborateurs. Terminée la corvée d'organisation des réunions. Il suffit d'entrer une date et un horaire pour visualiser en un instant si la majorité des salariés concernés sera présente. Gain de temps assuré si une urgence se présente. Il est également possible,

pour un chef de service de savoir à qui déléguer un dossier important sans avoir à passer vingt coups de fil. Et, pour un cadre, de mieux s'organiser, sachant précisément où il en est. Inconvénient du système : entrer tous ses rendez-vous peut se révéler fastidieux. Car, dans bien des cas, les cadres itinérants doivent à la fois les noter dans leur propre « palm » ou agenda qu'ils emmènent avec eux et dans l'agenda partagé.

Autre écueil : comment s'assurer que ce décompte très précis ne sera pas utilisé par un supérieur hiérarchique pour contrôler la productivité d'un cadre ? En l'absence de charte ou de code de bonne conduite régissant l'utilisation des outils multimédia, la transparence, on le sait, a parfois ses limites...

de temps doit-elle durer ? Et à quelle heure faut-il la programmer ? Est-il nécessaire que tout le monde soit présent ? Un ordre du jour a-t-il été mis au point ? » Un type de stage qui devrait compter de plus en plus d'intéressés. Toujours selon l'enquête d'ICM, 23 % des cadres interrogés affirment passer plus de dix heures de réunion par semaine contre 15 % en 1998.

Autre arme qui permet de lutter efficacement contre la perte de temps: savoir dire non. Même qu'il n'est pas si facile de s'opposer à son chef de service. Martine G., responsable du marketing dans une SSII, y est pourtant parvenue. *«J'acceptais tous les déjeuners d'affaires auxquels il me demandait de participer. Je pensais alors: même si je n'en tire pas un bénéfice immédiat, il est toujours bon d'étoffer son carnet d'adresses. Puis, au bout de deux années environ, je lui ai opposé un* : «Non, ce n'est pas possible. Si vous voulez ce dossier dans les temps, il vaut mieux que je déjeune d'un sandwich!» *«Si aucun autre rendez-vous important n'est programmé dans la semaine, je l'accompagne volontiers. Dans le cas contraire, je m'abstiens.»* Martine G. n'hésite plus non plus à recourir à l'aide de ses collègues. *«J'évite de tout porter sur mes seules épaules. Dès qu'une activité est interchangeable, je ne me prive pas d'en parler aux membres de l'équipe et essaie d'instituer des relais.»*

LES CADRES APPRÉCIENT DE SE SAVOIR ÉPAULÉS

Dans ce domaine de la construction d'équipe et de la délégation, les formations sont nombreuses. *«Elles connaissent un succès croissant,* constate le directeur de formation d'une entreprise agroalimentaire. *Avant, certains cadres se montraient réticents. Ils y voyaient une perte de leurs prérogatives, persuadés qu'il fallait savoir se rendre indispensable pour conserver son poste et, surtout, son pouvoir. L'alourdissement de la charge de travail, les temps et les délais raccourcis, la mise en application des 35 heures les ont fait changer d'avis. Ils ont beau être autonomes, ils apprécient souvent de se savoir épaulés et de ne pas, sans cesse, avoir l'impression d'avancer sans filet.»*

MA VIE DANS L'ENTREPRISE

Souvent confrontées à des problèmes de sous-effectifs chroniques, les entreprises ont, d'ailleurs, tout intérêt à se reposer sur des équipes performantes. Et devant la multiplication des horaires différents, des jours de congés et de réduction du temps de travail, elles sont contraintes de revoir leur organisation. *« Lors du passage aux 35 heures, les directions étaient surtout préoccupées par les problèmes juridiques. Elles souhaitaient des outils de décompte du temps, des badgeuses...,* se souvient le directeur commercial d'une société spécialisée dans les logiciels de gestion des temps. *Puis, un ou deux ans après la mise en œuvre de la RTT, de nouvelles demandes ont émergé: devant l'incapacité croissante à*

Célibataires, couples avec ou sans enfant... Le tracas des vacances

organiser des réunions avec l'ensemble des membres d'une équipe ou des départs en vacances successifs, les entreprises ont voulu des outils permettant de rationaliser au mieux les temps de présence. » De plus en plus de responsables disposent maintenant de tableaux de bord. Il leur suffit d'entrer des dates de vacances d'un collaborateur pour vérifier si cette période est compatible avec la bonne marche du service. *« C'est souvent un casse-tête,* concède Martine G. *Mais cela nous oblige également à nous concerter. À la veille de vacances scolaires par exemple, on fait un petit point: célibataires, couples avec ou sans enfant... on analyse les souhaits de chacun et l'on essaie de trouver un compromis pour ne léser personne. »*

IDENTIFIER LES FACTEURS DE STRESS

Moteur ou frein, Bon ou mauvais… ou un peu de tout ça à la fois ? Qu'importe. Le stress -on en confond souvent les symptômes avec les facteurs-, représente bien, dans l'esprit de nombreux salariés, « Le » fléau à combattre. Au banc des accusés : une organisation du travail qui laisse de moins en moins de place à l'erreur. *« L'autonomie, l'initiative individuelle qui sont exigées par le nouveau monde productif deviennent les causes d'un stress psychique qui prend la place de la fatigue physique dans les douleurs du travail. »*, résume l'économiste Daniel Cohen dans « Nos temps modernes ». Mais pour d'autres observateurs le stress renvoie à des faiblesses personnelles. Car nous ne possédons pas tous, les mêmes capacités de résistance face à un environnement identique. Pour Éric Albert, psychiatre, créateur de l'Institut Français de l'Anxiété et du Stress (IFAS), le « fléau du siècle » est d'abord « un phénomène d'adaptation au changement ». Et les changements, les cadres en vivent un bon nombre ! Mutation, promotion, licenciement, fusion, organisation en flux tendu, nouvelles normes de qualité, horaires fluctuants, frustrations… Sans compter les événements personnels : mariages, divorces, décès, naissances…

LE STRESS A UN COÛT

Reste, au-delà du débat d'idées, que les cadres, les directions d'entreprise, mais aussi les gouvernements ont compris qu'il leur fallait réagir. Les premières études sur le coût humain et financier du stress sont alarmantes. Dans son ouvrage « Le stress au travail » (Éditions Odile Jacob), Patrick Légeron, psychiatre et fondateur du cabinet conseil Stimulus, rapporte quelques chiffres issus de plusieurs études réalisées par différents organismes internationaux entre 1993 et 2000. Aux États-Unis, le coût supporté par les entreprises à cause du stress oscillerait entre 200 et 300 milliards de dollars par an. Dans l'Union européenne où quelque 41 millions de salariés seraient concernés par des problèmes de santé dus au stress au travail, la facture s'élèverait à 20 milliards d'euros par an. Démotivation, absentéisme, accidents du travail poussent les États à prendre des mesures, à l'instar de la Suède qui a légiféré et reconnu le stress comme maladie professionnelle.

Conscientes de l'ampleur du phénomène, des entreprises ont commencé à lancer des audits. IBM, 3M, Esso, Schlumberger, Cégétel… se sont penchés sur la question. Même préoccupation dans des sociétés où le personnel est en contact avec la clientèle – en proie aux agressions verbales voire physiques – comme à la RATP, à France Telecom ou au Crédit Lyonnais. Pionnière, Renault a monté, dès 1998, un observatoire national du stress. Des formations à la gestion du stress, des séances de massage, des cours de yoga… sont même proposés aux cadres pour les aider à décompresser. *« Certes, les entreprises ne sont pas encore prêtes à revoir en profondeur leur organisation. Pas question non plus de rallonger les délais ou de recruter en masse sous peine de perdre un avantage concurrentiel,* reconnaît un animateur de stage à la gestion de l'anxiété. *Mais petit à petit, elles proposent des aides.* »

L'un des exercices proposés lors de ces sessions de formation, consiste à s'auto-évaluer, à identifier les facteurs de stress,

Des petits trucs qui améliorent la qualité de la vie

et à mettre en place des stratégies de réponse. Aux cadres, aux salariés, de remplir des batteries de tests : sont-ils sujets aux insomnies, nerveux ?, Ont-ils le sentiment d'être débordés ?, Leur arrive-t-il de perdre le contrôle dans leur vie professionnelle ou… privée ?… Autant de questions censées renseigner les « stressés » sur leur vécu du stress. Suite au rachat de l'entreprise où il avait travaillé 24 ans, Lionel de F., la cinquantaine, a suivi une formation à la gestion du stress, instaurée par la nouvelle direction. *« Beaucoup de cadres s'inquiétaient de leur avenir. On était assez démotivé. Même si elle est loin de régler tous les problèmes, cette formation nous a permis de prendre du recul. Elle m'a même aidé sur le plan privé. Dans les différentes stratégies à mettre en place pour éviter les stress supplémentaires interviennent des tas de petits trucs qui améliorent indiscutablement la qualité de vie. »* Lionel de F. s'est, par exemple, inscrit dans un club de gym où il s'astreint, deux fois par semaine, en compagnie de son fils, à quelques exercices qui lui permettent de « se décrasser ». Un cours de remise en forme lui a également permis de mieux trouver le sommeil. Il s'est également essayé aux vertus de la mini-relaxation. *« Il suffit parfois de fermer les yeux quelques instants, pas plus de cinq minutes, au boulot, à la maison, et de respirer par le ventre ! »* Plus question, non plus, de sauter le petit déjeuner. Chaque jour, il prend

désormais dix minutes de plus pour avaler une collation complète.

Mais il s'agit aussi d'éliminer les facteurs de stress liés à
chaque activité. *« Dans mon nouveau boulot, je devais faire de
plus en plus de présentations en anglais devant des clients japonais ou allemands. La veille, je ressentais un trac terrible. Je
perdais mes moyens. »*, poursuit ce cadre. C'est là qu'interviennent tous les stages liés à la prise de parole en public, mais aussi
au développement personnel et à l'affirmation de soi. *« J'ai
appris à me contrôler physiquement, mais aussi à sortir de sché-
mas de pensée dont je ne parvenais pas à me défaire. »*

JE ME SENS COUPÉE DU MONDE

Si chacun possède ses petits secrets pour vaincre le stress,
l'idéal est de pouvoir, également, jouer sur l'organisation.
Muriel E., directrice de collection dans une maison d'édition a
trouvé un moyen imparable pour décompresser : la plongée en
piscine. *« Je me sens coupée du monde. Après une séance, je suis
parfaitement détendue. Mais cela ne suffit pas à éradiquer tous
les tracas. »* À la tête d'une nouvelle collection, mais sans
moyens humains supplémentaires, Muriel E. a redéfini sa
charge de travail avec son directeur général. *« Trop souvent,
l'accent est mis sur l'échéance, pas sur
les moyens mis à disposition et la
durée nécessaire à la réalisation du
travail. Résultat : ce qui importe c'est
le strict respect du calendrier. Parfois*

> Ce qui importe,
> c'est le strict respect
> du calendrier

*même au détriment des quelques jours supplémentaires qui
auraient permis à tous de mieux travailler. J'avais besoin d'en
discuter clairement avec lui et surtout de définir des objectifs
atteignables. Je ne voulais pas de mauvaises surprises au*

moment des résultats. » Pouvoir disposer de marges de manœuvre suffisantes constitue un atout pour diminuer l'anxiété. « *Un peu comme on se constitue des réserves,* explique un consultant. *Tenir ses délais certes. Mais en ayant pris soin de tenir compte, au moment où on les a calculés et où l'on s'est engagé, de ces quelques jours supplémentaires dont tout le monde, au bout du compte, bénéficie. Il est beaucoup plus facile de négocier au départ plutôt que de devoir, dans la dernière ligne droite, invoquer une kyrielle de raisons plus ou moins recevables. Motifs qui, la plupart du temps ne seront pas prise en compte. Savoir évaluer un délai, savoir se fixer à soi-même des objectifs réalisables c'est faire preuve d'un professionnalisme certain.* » De l'avis de psychologues, de médecins d'entreprises ou d'ergonomes, plus ces marges seront larges (mais acceptables), moins le cadre sera stressé.

Mais, il est un jocker qu'il faut savoir jouer à tous les coups : renoncer à vouloir être parfait ; cesser aussi de penser que c'est ce que votre patron attend de vous. Voilà une manière de penser qui modifiera assurément votre mode de vie ! Persuadez-vous que vous ne devez posséder ni toutes les qualités, ni tout le savoir, ni être le plus rapide, le plus fiable, le plus expérimenté… Penser ainsi, c'est vous frayer un chemin vers les autres et accepter de leur demander un avis, un coup de main, une idée, un appui… Utile dans un contexte professionnel où le temps fait cruellement défaut et où il s'agit continuellement d'opérer des choix !

À lire :

- « **Nos temps modernes** », par Daniel Cohen, 2002, 160 pages, Flammarion. 5,79 €
- « **Gagner une heure par jour** », par Ray Josephs, 2001, 192 pages, Éditions Marabout. 5,90 €
- « **La contributivité. Une nouvelle façon d'aborder l'efficacité des cadres et des managers** », par Stéphanie Savel et Jean-Pierre Gauthier. 2001, 208 pages, Éditions Village Mondial. 22,56 €
- « **L'art d'animer une réunion en 70 fiches illustratives** », par Thierry Delahaye, Louis-Marie Grousset et Yves Guézou, 1996, 80 pages, Éditions Nathan. 15,09 €
- « **Gérer son temps et son stress, pour un nouvel humanisme** », par Roger Moyson, 1998, Éditions De Boeck Université. 20,58 €
- « **Contre le stress, le nouvel art du temps** », par Jean-Louis Servan-Schreiber. 2000, 145 pages, Éditions Albin Michel. 5,78 €
- « **Le stress au travail** », par Patrick Légeron, 2001, 381 pages, Éditions Odile Jacob. 21,34 €
- « **Gérer efficacement son temps et ses priorités** », par Daniel Latrobe, 2000, pages, Éditions ESF. 21,19 €
- « **Savoir vivre ses émotions** », par Jean-Yves Arrivé, 2001, 195 pages, Éditions Retz. 14,90 €
- « **La délégation de pouvoirs** », par Thierry Dalmasso, 2000, 163 pages, Éditions Joly. 25,92 €
- « **Vous, votre temps de travail et Internet** », par Paul Ohana, 2000, 153 pages, Éditions d'Organisation. 17,10 €
- « **Le sacre du présent** », par Zaki Laïdi, 2000, 278 pages, Éditions Flammarion. 18,29 €
- « **Le syndrome de Chronos** », par Denis Ettighoffer, 1998, 382 pages, Éditions Dunod. 19,67 €
- « **Le coût de l'excellence** », par Nicole Aubert et Vincent de Gaulejac, 1991, Éditions du Seuil. 27,90 €
- « **Question de temps** » par F. Delivré, InterEditions, 2002, 218 pages, 20 €
- « **Techno mordus, technos exclus** » par Yves Lasfargue, Editions d'Organisation, 2000, 448 pages, 23, 93 €
- « **Gérer son temps et son stress, pour un nouvel humanisme** » par Roger Moyson, De Boeck Université, 1998, 150 pages, 20, 58 €
- « **Comment devenir un bon stressé** » par Eric Albert, Odile Jacob, 1994, 200 pages, 14, 48 €

Les sites Internet :
Pour mesurer son degré de stress et son rapport au temps
www.agperf.com/:site spécialisé dans la recherche de l'efficacité personnelle, la gestion du stress et le management en entreprise
www.futurestep.com : un site pour mieux connaître sa «nature» professionnelle, donne de nombreux outils et questionnaires disponibles- voir ailleurs
www.ergostressie.com : Sur ce site, une série de questionnaires portant sur les conditions de travail élaborés par Yves Lasfargue du Crefac permettent d'obtenir une analyse complète de sa charge de travail, de son degré de stress, de son rapport au temps (questionnaire spécial 35 heures)
www.cfecgc.org : site de la centrale syndicale des cadres CFE-CGC, à l'origine d'un Observatoire national du stress
www.timesystem.tm.fr : du travailleur acharné au salarié rebelle, six portrait définissent les salariés et leur rapport au temps
www.ifas.net : site de l'institut français de l'anxiété et du stress.

© APEC - Éditions d'Organisation (Groupe Eyrolles)

> QUARTÉ GAGNANT POUR GRAPPILLER QUELQUES HEURES PAR JOUR

1. Établir un diagnostic. Pourquoi a-t-on toujours le sentiment d'être débordé ? « S'observer » en situation de travail est révélateur. À défaut de bénéficier des conseils d'un coach ou de suivre une formation à la gestion du temps, il est salutaire de procéder à une auto-évaluation. Au besoin, inscrire sur un cahier, plusieurs jours durant, les tâches effectuées et le temps imparti pour chacune d'elles. Très utile pour détecter les points forts de son organisation mais aussi les pertes de temps. Si les pauses, les papotages, les déjeuners entre collègues… sont souvent essentiels aux bonnes relations et à la communication qui permettent, ensuite, de mieux se concentrer, leur multiplication peut s'avérer pénalisante.

2. Savoir distinguer les priorités. Le culte de l'urgence a gagné les entreprises. Mais le terme est galvaudé. Toutes les tâches n'exigent pas le même degré de réponse. Différencier l'urgent de l'important, selon la bonne vieille grille d'Eisenhower, est efficace. Il s'agit de classer les actions en quatre catégories : les importantes et urgentes, les importantes mais non-urgentes, les non-importantes mais urgentes et, enfin, les non-importantes et non-urgentes. Éviter aussi de traiter les dossiers les uns après les autres, dans leur ordre d'arrivée. Certains ne méritent pas d'être résolus dans la seconde. Avant de commencer la journée -ou la semaine-, il est souvent utile de lister par écrit dans son agenda les tâches à traiter impérativement. Apprendre aussi à dire non. Inutile de jouer les super (wo) men. Toutes les urgences ne sont pas du ressort de la même personne. L'autonomie a beau être une qualité de plus en plus appréciée, il est nécessaire de savoir travailler en équipe et de déléguer.

3. Se fixer des échéances. Impossible d'échapper aux contraintes horaires, aux délais de plus en plus serrés. Pour affronter la fameuse injonction paradoxale : «Faire toujours mieux en un minimum de temps», les cadres doivent apprendre à se limiter. Et cela quel que soit leur degré de perfectionnisme. Afin d'éviter tout stress inutile et le sentiment que le travail n'est jamais abouti, il est indispensable de se fixer des échéances. Tel problème ne doit pas exiger plus de deux heures d'attention, tel autre une semaine...

4. Appliquer des recettes. Il existe une palette d'outils et de ficelles pour mieux gérer son temps. À commencer par la maîtrise des moyens de communication. Est-il bien nécessaire de répondre indifféremment à 34 e-mails quotidiens ? De donner suite, séance tenante, à tous les coups de fils de la ligne fixe et du portable réunis ? À l'instar du temps réservé à l'ouverture du courrier, se fixer des rendez-vous quotidiens pour traiter les messages évite tout débordement. Véritables «voleuses de temps », les réunions nécessitent aussi d'être encadrées. Fixer à l'avance la durée de la réunion (à charge pour son animateur de la faire respecter), établir un ordre du jour et ne pas, sauf urgence, s'en écarter et enfin déterminer un temps de parole permettent de ne pas se disperser.

Chapitre 6

JE CHOISIS UNE ENTREPRISE « FAMILY FRIENDLY »

UN SALARIÉ ÉPANOUI TRAVAILLE MIEUX

Ce n'est pas le Familistère construit, au début
du siècle dernier, pour ses ouvriers par
Jean-Baptiste Godin, mais certaines grandes
entreprises commencent à vouloir chouchouter
leurs collaborateurs. Fortes du principe «un
cadre épanoui travaille mieux... et reste!», elles
prennent en compte les contraintes familiales,
aménagent les horaires, planchent sur de
nouvelles organisations et proposent également
toute une série de services pour gommer les
petits tracas quotidiens. De la baby-sitter au
nettoyage à sec, via la «muscu» en salle de gym
de l'entreprise!

MON ENTREPRISE EST UNE VRAIE NOUNOU !

Enceinte de sept mois, Caroline, cadre dans une entreprise de La Défense, s'est lancée dans une quête impossible: trouver une place en crèche pour son deuxième enfant. Elle a fait le tour de son quartier, contacté une crèche familiale, tenté sa chance dans deux établissements privés... Inscrite sur une liste d'attente, elle sait que, sauf miracle, il lui faudra trouver une autre solution. Journaliste au quotidien *Libération*, Philippe n'a pas ce genre de souci. Tous les matins, il dépose son fils de 8 mois à la crèche du journal. Pour faciliter la vie de ses journalistes, le quotidien a monté une structure en association avec la ville de Paris. Un quota de places est réservé pour les enfants de ses salariés. Le rêve pour nombre de jeunes parents obligés de jongler avec les nounous, les gardes partagées et des horaires décalés. Combien ont en effet la chance de bénéficier d'une crèche, à l'instar de celle de l'hôpital parisien Robert-Debré, où il est possible de déposer son enfant dès 6 h 15 et de le récupérer jusqu'à 21 h 45 ou encore de celle d'Eaubonne dans le Val-d'Oise ouverte 24 heures sur 24, 7 jours sur 7 et les jours fériés ?

MA VIE DANS L'ENTREPRISE

Les entreprises sont encore dans leur large majorité peu enclines à se pencher sur les problèmes de berceau. Une enquête réalisée par l'Ires pour la CFE-CGC auprès de 2 000 entreprises a montré que seules 4 à 6 % d'entre elles avaient mis au point des systèmes de garde d'enfants, voire des «cheminements de carrière adaptés aux exigences familiales». Toutefois, certaines, parmi les plus grandes, ont compris l'avantage qu'elles pouvaient en tirer en termes d'attractivité, d'image, de lutte contre l'absentéisme.

UNE CRÊCHE POUR LES ENFANTS, UN PLUS CERTAIN

Le Crédit Lyonnais en tête. *«Je n'ai pas choisi de travailler dans cette banque parce qu'elle proposait une crèche*, explique Sonia. *Mais, mis bout à bout avec d'autres avantages, c'est un argument de fidélisation. Et pour le moment j'apprécie le fait de laisser ma fille avec une équipe en laquelle j'ai confiance. Ce sont des points positifs que l'on n'oublie pas. Face à une autre proposition d'emploi, je pèserai tout cela dans la balance.»*

Retour du paternalisme ? Depuis bien longtemps, les salariés avaient perdu l'habitude de ces géants du textile, de l'automobile voire des pneumatiques... qui, à l'instar de Jean-Baptiste Godin, avaient coutume de proposer à leurs salariés logements, assistance médicale, écoles, jusqu'aux activités culturelles sponsorisées par le grand patron local. Chacun avait pris ses distances. Aujourd'hui, sans vouloir briser cette sacro-sainte frontière entre vie privée et vie professionnelle, les deux univers savent qu'il leur faut construire de nouveaux compromis. Ignorer les besoins de l'autre conduirait à un échec. Alors, si très peu de sociétés se lancent dans la création d'une crèche d'entreprise, voire interentreprises, elles sont plus nombreuses

Une «maîtresse de maison» aux Laboratoires Boiron

Chez Boiron, prendre en compte l'intérêt individuel est une tradition. Avec quelque vingt-cinq accords d'entreprise, le laboratoire lyonnais de produits homéopathiques est un champion du social reconnu. Depuis toujours, et peu importe la conjoncture, le P-dg Christian Boiron a privilégié une politique sociale innovante. Un préalable pour assurer de bons résultats économiques. À la différence de nombreux groupes qui misent avant tout sur la réussite économique avant de pouvoir s'offrir une vraie politique sociale. *«Cette prise en compte de l'individu en tant qu'individu est essentielle*, souligne Renée Husson, la DRH du groupe. *Pour qu'un salarié soit performant et créatif, il faut qu'il se sente bien dans son travail.»* Au début des années 1980, Boiron, le pionnier, a même créé un poste de maîtresse de maison chargée d'assurer le bien-être du person-

nel. Celle-ci organise des événements, fait entrer l'art au sein même de l'entreprise, essaie de faire découvrir de nouveaux horizons aux salariés. Mais surtout, l'ensemble du management s'applique à les écouter et à faire coïncider environnement et contraintes familiales avec besoins de l'entreprise. L'une des clés de la réussite : le temps de travail. Le fabricant de granules a signé un accord de 35 heures avantageux qui accorde 47 demi-journées supplémentaires aux cadres. Le temps partiel adopté par un tiers du personnel (à 70 % féminin) est majoritairement «choisi» et souvent réinvesti dans le temps familial. Mais surtout, chaque année, selon le principe du donnant-donnant, chaque horaire individualisé est examiné et éventuellement révisé par les deux parties. Une démarche qui permet de faire entrer en douceur la flexibilité dans l'entreprise.

à mettre en place des systèmes d'aides à la garde d'enfants. Ainsi, chez Danone, une assurance enfant malade permet depuis les années 1980 aux bambins fiévreux de voir accourir

MA VIE DANS L'ENTREPRISE

une baby-sitter à leur chevet. Chez un grand lessivier et une société de conseil, les salariés en panne de garde d'enfants peuvent également faire appel au service SOS nounou. Mais là, c'est payant. «*Ce ne sont pas des services à tarifs avantageux comme ceux du comité d'entreprise*, explique une consultante. *En attendant, cela nous évite d'avoir à nous casser la tête.*» D'autres sociétés se montrent plus généreuses. «*Depuis 30 ans, nous remboursons les frais de garde aux salariés qui doivent se déplacer le week-end pour des motifs professionnels, qui invitent des clients le soir au restaurant... Il est légitime que les frais de baby-sitting n'incombent pas aux parents. D'autant que nous devons faire face à de plus en plus de familles monoparentales*», souligne le directeur d'une entreprise de la chimie qui a contribué à mettre en place, au sein de la zone industrielle où il travaille, une crèche inter-entreprise. «*Pendant longtemps mes prédécesseurs ne souhaitaient pas se lancer dans ce type de projet, estimant que l'entreprise n'avait pas à entrer dans la vie privée des salariés mais surtout qu'elle n'avait pas à se*

Un salarié mieux dans sa peau sera plus productif

substituer aux pouvoirs publics défaillants. Nous n'avons plus le temps d'attendre. Et à terme, l'investissement est payant. Un salarié mieux dans sa peau sera plus productif.»

La vie de famille n'est pas seule à faire l'objet de toutes les attentions. Envie de faire de l'aïkido, du yoga, de la danse africaine ? Pas de problème. Si l'épanouissement professionnel doit passer par une vie saine et équilibrée, autant jouer cet atout. Dopées par la vague des start-up – depuis retombée – où les saunas et autres flippers côtoyaient les salles de réunions, certaines grandes sociétés se sont inspirées de ce nouvel art de vivre et travailler. Et ont choisi d'accueillir toutes sortes d'équipements sportifs à domicile. TotalFinaElf possède même sa propre piscine dans sa tour à La Défense. Claudine, 33 ans, consultante dans un grand cabinet d'audit, dont le siège se situe lui aussi sur l'esplanade, est ravie. Plus besoin de courir à l'autre bout de Paris pour faire une heure de gym. *« En plus le système est plus souple. L'année dernière, je me suis inscrite dans un club privé pour douze mois, j'ai dépensé un argent fou et j'ai dû y aller dix fois. Désormais, je me défoule plus facilement. Il me suffit de prendre l'ascenseur. Je ne perds pas une minute en transport et je sors réellement détendue. »* D'autres entreprises ont cédé à la mode des massages et du shiatsu sur le lieu de travail, afin de déstresser leurs cadres. *« C'est assez agréable, et même efficace,* souligne le DRH d'une société high tech sceptique jusqu'à son premier massage des cervicales. *J'ai tenté l'expérience avant une réunion importante et j'ai eu le sentiment d'être dénoué. »*

DES MAJORDOMES-HÔTESSES-CONCIERGES

Des services qui ne se limitent pas au sport. Il existe également au sein de ces grands groupes de véritables «majordomes-hôtesses-concierges» chargés de faciliter le quotidien. Ils sont capables d'aider un cadre à trouver un nouvel appartement, prennent en charge ses vêtements si celui-ci n'a pas le temps de courir au pressing, se chargent de lui organiser un week-end à l'autre bout de la France, lui dénichent et livrent ses billets à domicile. *« Nous avons même la possibilité de faire organiser une fête d'anniversaire. Personnellement, je ne souhaite pas que l'entreprise m'accompagne ainsi dans ma vie privée. Ne serait-ce que pour une question de confidentialité. Il y a une sphère à protéger. En revanche, cer-*

> Nous pouvons même organiser une fête d'anniversaire

taines prestations liées notamment à la paperasse sont bien pratiques. », reconnaît ce cadre d'une société de conseil qui n'a pas eu besoin de faire la queue à l'ambassade de Syrie pour obtenir un visa de voyage.

Pour les débordés et les habitués des portes closes, à la banque, La Poste, voire dans tout autre administration, l'entreprise pense à tout. Il est parfois possible, comme chez Bouygues, de bénéficier d'une agence bancaire et d'un coiffeur sur place. Kiosques à journaux, mini-supérettes, cordonnerie, service de repassage, lavage de voiture, location de vidéos... font leur nid dans les sociétés soucieuses d'offrir un maximum de prestations. Des services proposés par des sociétés extérieures qui elles-mêmes travaillent avec des professionnels mais aussi des entreprises d'insertion. « *Il ne s'agit pas de philanthropie*, concède un prestataire de services. *C'est plutôt une relation donnant-donnant. Les directions savent qu'un cadre épanoui donnera le meilleur de lui-même. S'il est parasité par les contingences familiales et quotidiennes, il finira par craquer. Après le discours exclusivement tourné vers le client, on voit émerger un nouveau management orienté employé. Ce que les Anglo-Saxons ont baptisé l'Employee Relationship Management (ERM).* » Et pour faciliter d'autant la tâche des salariés, ces bouquets de service apparaissent même sur les intranets de l'entreprise. Il suffit d'entrer sur le portail collaborateur et de passer commande à l'aide d'une carte, sorte de porte-monnaie électronique que l'entreprise peut abonder selon les cas.

LA VIE PRIVÉE FAIT SON ENTRÉE SUR LE LIEU DE TRAVAIL

Autrefois, totalement déconnectée de la bulle professionnelle, la vie privée fait son entrée sur le lieu de travail. Et une nouvelle organisation se met en place. Sophie, directrice du marketing dans la grande distribution a changé sa manière de travailler. *« Il y a encore cinq ans, je n'aurais pas pensé appeler France Telecom pour un problème de facture depuis mon lieu de travail. Je n'aurais pas non plus consacré une bonne demi-heure en pleine journée à commander mes courses sur internet. Tout ce qui concernait la maison, les enfants, les factures… s'accumulaient. Et je stressais à devoir tout régler le samedi. Même les petits plaisirs comme réserver des places de spectacle devenaient une contrainte. Aujourd'hui, je n'hésite pas à le faire. Au bureau, la veille ou le matin même, je dresse une liste de tout de qui est urgent à régler dans la journée, que ce soit privé ou professionnel et je m'oblige à respecter tous ces points. Je barre au fur et à mesure et, au final, je m'en sors nettement mieux. »*

J'AMÉNAGE ET JE NÉGOCIE MON EMPLOI DU TEMPS

Maillon essentiel pour trouver un équilibre entre maison et bureau, la gestion du temps devient négociable. Beaucoup de chefs d'entreprises savent que la paix sociale est à ce prix. Devant la levée de boucliers suscitée par l'introduction de la flexibilité, une société spécialisée dans la vente par correspondance a dû revoir sa copie. Trop d'incertitudes dans les emplois du temps et des variations de semaine en semaine empêchaient les équipes de s'organiser. Difficile, surtout pour le personnel féminin, de planifier ses modes de garde ni de savoir quand récupérer ses marmots à la sortie de l'école. La direction du vépéciste a dû composer et proposer des garanties. De plus en plus d'ailleurs, les équipes sont contraintes de se réunir autour d'une table pour trouver un modus vivendi acceptable par tous. Tous les mois, Franck, le manager d'un centre d'appels, et son équipe d'une vingtaine de téléacteurs à Lyon, se réunissent pour faire le point sur les besoins de l'entreprise et les desiderata de chacun. *« Nous avons des règles écrites, des horaires fixés, un accord 35 heures, mais il est aussi indispensable de vérifier s'il ne se produit aucun dérapage. Tout se passe sur la base du volontariat. Nous essayons de prendre en compte les impératifs de chacun. Les parents qui veulent quitter les lieux plus tôt, les étudiants qui préfèrent arriver et partir tard... C'est l'occasion de trouver des arrangements ponctuels entre l'équipe, de permuter parfois des dates de vacances... Et pour le management d'expliquer quelles vont être les périodes de travail intense et celles de relâchement. Si on ne parvient pas à instiller un climat de confiance, si on prévient les salariés au dernier moment, ils se sentent méprisés et on va droit au conflit. »*

UN DEUXIÈME TÉLÉPHONE PORTABLE STRICTEMENT PROFESSIONNEL

Au sein d'une équipe de sept cadres dans une société d'édition, Stéphanie qui souhaitait plus de temps pour elle a aussi ressenti le besoin de mettre les choses au point. *« D'abord vis-à-vis de mes collègues. Dans un contexte de sous-effectif, je ne voulais pas que mes périodes d'absence soient perçues comme un prétexte pour me décharger sur eux. Nous sommes tous assez autonomes, mais comme nous sommes aussi polyvalents, je leur ai assuré que je réaliserais bien le travail que j'effectuais auparavant. En échange d'une organisation plus souple – je pars systématiquement à 18 heures et il m'arrive de travailler à la maison –, j'ai apporté le même type de garantie à ma hiérarchie. Je préviens à l'avance, j'ai négocié un deuxième portable à usage strictement professionnel qui reste branché lorsque je travaille à la maison et, lors de cette négociation, j'ai demandé à ce qu'on fasse le point trois mois après, afin de valider*

Des bambins sur une zone industrielle

À Lys-lez-Lannoy, à quelques encablures de Lille, la zone industrielle accueille chaque jour 3 800 salariés. Dont beaucoup de jeunes parents. Et selon un sondage réalisé auprès de 600 d'entre eux, moins de 5 % ont recours à des modes de gardes collectifs alors qu'ils seraient 45 % à vouloir adopter ce système.

Inspirés par la crèche inter-entreprises, installée depuis 1999 sur le parc de Géménos, près de Marseille, et créée à l'initiative du fabricant de cartes à puces Gemplus (l'une des seules du genre en France), les laboratoires pharmaceutiques Schering SA ont voulu rééditer l'expérience dans le Nord. Un avantage social certain pour attirer des salariés dans cette région qui peine à séduire les candidats. Avec le concours de l'Association des usagers de la zone et la chambre de Commerce et d'Industrie de Lille, l'association de la crèche de la zone industrielle de Lys-lez-Lannoy a vu le jour. Intercommunale (trois municipalités sont associées au projet), cette structure devrait ouvrir ses portes en 2003 et accueillir une quarantaine d'enfants.

ensemble cette nouvelle façon de travailler.» Deux ans et demi après, ni Stéphanie, ni sa direction, n'ont rien trouvé à redire. Si les initiatives émanent le plus souvent des salariés, les plus «family friendly» des entreprises mènent des réflexions sur la gestion du temps. Depuis 1995, la filiale France de Hewlett Packard décline ainsi son programme mondial Life Work Harmony (harmonie entre la vie et le travail). Afin de concilier les aspirations de l'entreprise, de ses salariés et de ses clients, un site Intranet baptisé «travailler autrement» incite les collaborateurs de HP à réfléchir à une organisation du travail créative.

DES TANDEMS RESPONSABLES

Outre le télétravail et le temps partiel, plus traditionnels, le job sharing ou partage des tâches constitue une voie originale. Il s'agit de travailler à mi-temps et en binôme sur un même poste. Des tandems à responsabilités. Deux directrices financières ont ainsi pu conserver activité intéressante et bonne qualité de vie. Dans une agence de conseil en communication, le passage aux 35 heures a été aussi l'occasion de «doubler» certaines fonctions à plein temps. *« Des recrutements ont été effectués et les tâches ont été réparties de manière à ce qu'un secteur d'activité ne dépende plus jamais d'une seule personne, explique le DRH. Il a parfois fallu expliquer qu'il ne s'agissait pas de perdre ses prérogatives mais de s'organiser de façon à pouvoir toujours répondre aux clients. Comment réagir dans la journée si la personne en charge du dossier est en congés ? Certains cadres n'y ont, d'ailleurs, vu aucun inconvénient. Ils se sont sentis déchargés d'une responsabilité trop forte. Et il est indispensable de savoir déléguer. »*

Enfin, moins volontaristes, certaines entreprises préfèrent des mesures symboliques pour permettre aux salariés de ne pas devoir sans cesse bousculer leur vie de famille. À commencer par les réunions du vendredi soir. Des grands groupes ont ainsi prohibé toute réunion, après 11 h 30, le vendredi. Dans son service, Marc ingénieur dans un bureau d'études approuve l'organisation de sa nouvelle directrice. *« Les réunions ont été encadrées. Cette décision n'a pas été décidée au niveau de la direction générale, mais au sein de notre équipe. Est-ce du management au féminin ? En tout cas, on ne programme plus jamais de réunion après 17 heures et lorsqu'on se retrouve, l'ordre du jour est préparé, on ne part plus dans tous les sens et en une heure maximum, l'affaire est entendue. »*

À lire :
• « Les nouvelles pistes du temps de travail » par Jean-Yves Boulin, Reiner Hoffmann, Editions Liaisons, 2000, 329 pages, 22, 87 €
• « La métamorphose du travail » par Christine Gavini, Editions Liaisons, 2001, 126 pages, 12,50 €
• « Votre entreprise a signé un accord sur les 35 heures... et maintenant ? » Maxima, 2000, 196 pages, 19,51 €
• « La nouvelle gestion des cadres » par Françoise Dany et Yves-Frédéric Livian, Vuibert, 2002, 180 pages, 20,00 €
• « Masculin-féminin : questions pour les sciences de l'homme » , sous la direction de jacqueline Laufer, Éditions PUF, 2001, 246 pages, 22,50 €
• « La féminité neutralisée ? » , par Jacqueline Huppert-Laufer, Éditions Flammarion, 1982, 296 pages, 12,50 €

Réglementation : À savoir
Quelle RTT pour quels cadres ?
La loi Aubry II a réparti les cadres en trois catégories :
• Les cadres « dirigeants », exclus de la loi sur la baisse du temps de travail
• Les cadres « occupés selon l'horaire collectif » (ou cadres intégrés) bénéficient de la loi, comme les autres salariés. Ce sont les cadres sédentaires, les cadres de proximité, les chefs de service, les ingénieurs ou de bureaux d'études...
• Les « autres cadres », ou « cadres autonomes ». Leur travail est organisé en missions ou suppose des déplacements fréquents. La RTT est appliquée sous forme de forfait au mois ou à l'année, en heure ou en jours.

> DELOITTE & TOUCHE : GÉRER LES SALARIÉS AUSSI BIEN QUE LES CLIENTS

Confronté comme tous ses concurrents aux difficultés de recrutement et de fidélisation des candidats, le cabinet d'audit et de conseil Deloitte & Touche s'est lancé en 2001 dans un vaste chantier sur les ressources humaines, avec pour nom de code : « Une autre idée de la relation ». Pour Philippe Vassor, le président de « La Firme » en France, *« Les actions engagées posent les fondations d'une stratégie de gestion de la relation employé calquée sur les principes de la gestion client. »*

En clair, il s'agit d'améliorer le niveau de satisfaction de ses collaborateurs et porter un coup décisif au turnover qui règne dans la profession.

En marge de toutes les mesures liées aux conditions de travail dès leur premier jour dans l'entreprise, à l'encadrement de terrain, au développement des compétences, le cabinet souhaite favoriser la réalisation individuelle, tant sur le plan professionnel que personnel. Pour la première fois en 2001, la Firme a élaboré un baromètre (sous forme de questions par e-mail) pour identifier et mesurer les motivations et les attentes des consultants et associés. Six groupes de travail ont ensuite été mis sur pied pour plancher sur les moyens de faciliter l'intégration, développer une relation client/fournisseur entre les activités et les fonctions internes, optimiser la formation, réfléchir sur l'organisation du travail, favoriser les initiatives personnelles dans le domaine de l'action citoyenne et enfin compléter le bouquet de services extra-professionnels existants.

Sur ce dernier point, tout le système de prévoyance a été refondu. Les collaborateurs bénéficient entre autres d'un système «SOS Nounou». Un service de garde d'enfant qualifié est mis gratuitement à disposition dans les cas de maladie ou d'hospitalisation pendant sept jours ouvrés. Pour fidéliser et retenir ses collaboratrices futures mamans, l'entreprise assure le maintien du salaire net pendant toute la durée du congé maternité pour toutes celles qui comptent un an d'ancienneté. La garantie «rente conjoint» est étendue aux bénéficiaires du Pacs et aux concubins. Et en cas de décès de son conjoint, l'associé ou le collaborateur perçoit un capital représentant 20 % de son propre salaire annuel. Tout un arsenal susceptible de retenir les plus de 3 000 collaborateurs et associés en France, dont le nombre est appelé à doubler tous les trois ans.

Chapitre 7

C'EST DÉCIDÉ, JE QUITTE PARIS !

Au diable mon stress, mon boss, mon F3... je veux vivre ma vie en vert ! Un rêve caressé par de nombreux cadres et salariés asphyxiés par la vie trépidante des grandes villes. Mais le rêve a-t-il quelques chances de se réaliser et à quel prix ? Car les solutions ne sont pas nombreuses : jouer les turbos cadres, les soirs et les week-ends à la campagne, la semaine dans la capitale ; partir avec armes et bagages en région ou, pour les plus aventureux, à l'autre bout de la planète. Une mobilité parfois compliquée.

À chacun donc d'évaluer les plus : meilleure qualité de vie, épanouissement personnel... Mais aussi les moins : les heures passées dans le TGV et les avions, le risque de voir la carrière du conjoint freinée... Bref, un choix de vie à ne pas examiner à la légère.

LOIN DE PARIS INTRA-MUROS ET PLUS LOIN ENCORE...

La carte Orange est la meilleure amie du cadre en quête d'espace à trente minutes de la capitale... où il travaille. Habiter à La-Celle-Saint-Cloud (Yvelines), à Enghien-les-Bains (Val-d'Oise) ou encore à Lagny (Seine-et-Marne) et prendre tous les jours sa voiture ou le train de banlieue pour rejoindre Paris est le prix à payer pour faire du VTT le week-end. Tous les jours, Valérie M. met plus de 55 minutes depuis Courcouronnes, près d'Évry, dans l'Essonne jusqu'à Opéra, en plein cœur du 9e arrondissement. *« Le vendredi soir, j'en ai parfois assez de jongler entre les métros et la ligne D du RER. Nous sommes coupés de certains amis qui ne franchiront jamais la limite du périphérique en semaine. Les expos et la vie culturelle parisienne ? C'est sûr, on passe de plus en plus à côté. Mais depuis qu'on s'est « exilés », nous avons découvert une autre vie. En rentrant de l'école, les enfants sortent dans le jardin, on déjeune sur la terrasse dès le premier rayon de soleil, on pratique plus de sport... Rien de tel pour déconnecter du boulot et destresser vraiment. »* L'occasion aussi pour certains salariés de revoir leur organisation de travail : *«Je parviens de plus en plus à télé-travailler.»*, constate Valérie M. Quant aux entreprises, elles commencent à prendre la mesure de la fatigue et de la perte de temps occasionnées par les transports en commun et mettent sur pied des dispositifs tels les bureaux nomades. En marge de ces nombreux cadres «pendulaires» qui privilégient encore l'Île-de-France, de plus en plus de salariés repoussent les distances.

LA VIE TRÉPIDANTE DU « NAVETTEUR »

Ils pendent la crémaillère au Mans, à Tours, à Chartres... En 2001, la SNCF comptait plus de 21 000 abonnés au tarif forfait. Pour 95 % d'entre eux, ces «navetteurs» effectuent quotidiennement la liaison entre leur domicile en province et la capitale. Les lignes Paris-Orléans, Paris-Rouen, Paris-Sens, Paris-Lille ne désemplissent plus. Avignon, grande banlieue parisienne ? C'est presque possible, grâce au nouveau TGV-Méditerranée. Mais cela signifie pour de nombreux «turbo-cadres» le recours à la «birésidentialité». Un nouveau concept à la mode pour désigner ces salariés qui prennent un pied-à-terre à Paris et rejoignent leur résidence principale en fin de semaine. Un mode de vie choisi par Noël M. Jusqu'alors en fonction à Annecy, avec femme et enfants, il se voit proposer un poste dans la capitale. *«Je savais que ce serait momentané,* explique ce cadre salarié d'une grande entreprise publique. *Et je ne me voyais pas faire déménager toute la famille pour quatre ou cinq ans dans un tout petit appartement. D'autant que les loyers parisiens sont prohibitifs.»* Penché sur la carte de France, horaires du TGV en main, le couple a tracé un rayon de deux heures trente autour de Paris et opté pour Rillieux-la-Pape, au Nord de Lyon. Tous les lundis matin, Noël se jette dans le TGV de 5 h 30 et arrive à 9 heures à Paris. La semaine, il dort à l'hôtel, principe qu'il a négocié avec son employeur, et rentre le vendredi soir. Lui aussi parvient parfois à combiner télétravail et missions à proximité de son domicile. *« Les départs le lundi matin sont parfois douloureux, surtout avec des enfants en bas âge. Mais les avantages compensent largement les inconvénients. Nous profitons de la vie en Rhône-Alpes. Ma femme a trouvé un job sur place... »*

55 MINUTES AVEC MON ORDINATEUR PORTABLE

Ce type d'existence est loin d'être privilégié par les seuls couples avec enfants. Michel T., 49 ans, célibataire, ne quitterait pour rien au monde la ferme sarthoise qu'il a rénovée. Directeur d'une SSII à Paris, il effectue plusieurs fois par semaine le trajet Le Mans-Paris. *« Tout dépend de la charge de travail. Le soir, il m'arrive de rester à l'hôtel. Sinon, je prends le TGV du retour et j'ai trouvé mes marques. J'ai 55 minutes pour travailler sur mon ordinateur portable, entrer des notes, réfléchir au déroulement des prochaines journées... avant de déconnecter totalement. »*

La SNCF n'est pas seule à doper ce type de formule. Le développement du transport aérien a également boosté les « eurocommutters ». Au départ de Roissy ou d'Orly le lundi matin, ils rallient Londres, Madrid ou Francfort et rentrent au bercail en fin de semaine. Une organisation encouragée par certaines entreprises. *« Cela coûte beaucoup moins cher qu'une expatriation,* souligne une spécialiste de la « relocation ». *Et cela permet aux cadres qui le souhaitent, de ne pas obliger leur conjoint à démissionner d'un très bon poste. C'est souvent le meilleur compromis qu'ils aient trouvé. Mais il faut pouvoir tenir sur la durée. Ces « couples géographiques » sont plus exposés que les autres au divorce. »*

© APEC - Éditions d'Organisation (Groupe Eyrolles)

Feux les CSNE, vive le VIE !

Profiter d'être sous les drapeaux pour connaître sa première expérience professionnelle à l'étranger est une aubaine qu'ont connue certains appelés du contingent. Mais avec la fin du service national ont disparu les Coopérants du Service National en Entreprise, les fameux «CSNE». La formule, avantageuse pour certaines entreprises soucieuses d'accroître leur développement à l'international, et de jeunes diplômés enclins à voir du pays, se poursuit néanmoins sous la forme du Volontariat International en Entreprise (VIE). Accessible aux hommes, mais aussi aux femmes de 18 à 28 ans, le VIE permet de partir entre six et vingt-quatre mois. Le type de missions ? Réaliser des études de marché, prospecter de nouveaux clients, renforcer des équipes locales, accompagner un chantier... Une solution pour les entreprises disposant déjà d'une antenne locale, mais aussi pour les PME qui ne possèdent pas d'implantation. Celles-ci peuvent demander à être placées sous le tutorat d'un grand groupe, *via* l'association Partenariat France. Plusieurs PME ont aussi la possibilité d'avoir recours à un VIE en temps partagé, afin de limiter les dépenses.

Des coûts moindres par rapport à une expatriation ou un détachement classique : à l'instar des ex-CSNE, les «volontaires» conservent un statut public et sont placés sous l'autorité du secrétariat d'État au Commerce extérieur. L'entreprise doit leur verser une indemnité mensuelle variable selon le pays, exempte de cotisations et non imposable. Elle doit également s'acquitter de frais de gestion et de protection sociale du VIE (entre 76 et 230 euros mensuels), des frais de voyage et de l'adhésion à Ubifrance (ex-CFME Actim), l'organisme qui gère les relations entre le VIE et l'entreprise. Cela étant, malgré les avantages du dispositif, les demandes des jeunes candidats restent bien supérieures à l'offre des entreprises.

www.ubifrance.com

Carrière ? Vie privée ? Ces tiraillements se multiplient et les arbitrages se prennent au détriment de quelques nuits sans sommeil. « *On ne peut pas tout avoir,* constate, philosophe,

Catherine L., diplômée de l'ESCP, tout comme son compagnon Thierry. *Il est nécessaire de définir des priorités, d'en discuter le plus clairement possible: souhaite-t-on vivre ensemble au quotidien? Accepte-t-on un éloignement géographique momentané tout en se fixant des échéances? Quels sont nos objectifs et nos envies?»*

CELA FAISAIT LONGTEMPS QU'ON LORGNAIT DU CÔTÉ DE MARSEILLE

Déjà séparés plusieurs fois pour cause de longues missions, le couple a décidé de ne plus se croiser. Plus question non plus de se priver d'une qualité de vie qu'ils ne trouvaient plus dans la capitale. *« On a voulu se mettre au vert, mais pas à moitié. Cela faisait longtemps qu'on lorgnait du côté de Marseille. Et pas seulement pour l'escalade dans les calanques. C'est une ville qui bouge et où on peut s'épanouir professionnellement. »*

À l'instar de Catherine et Thierry, de nombreux cadres mettent une croix sur la capitale. Le dernier recensement de l'Insee est, à ce titre éloquent. Entre 1990 et 1999, même si l'aire urbaine de Paris conserve la première place en termes de croissance démographique, elle perd de son dynamisme. Depuis les années 1980, les jeunes adultes sont moins nombreux à s'établir en Île-de-France. La population se répartit sur le territoire de manière plus homogène. Les coups de cœurs des cadres pour des villes comme Nantes, Bordeaux ou Toulouse se multiplient. Enceinte de son deuxième enfant, Clotilde V., responsable de formation dans une entreprise de transports, a décidé, avec son compagnon, de mettre les voiles. Direction Annecy, son lac, ses montagnes… *« On ne se voyait plus du tout élever deux enfants dans 70 mètres carrés à Paris, slalomer avec la poussette entre les pots d'échappement. Et puis mon conjoint est un passionné d'escalade. La ville est idéalement placée pour aller skier, descendre*

© APEC - Éditions d'Organisation (Groupe Eyrolles)

un week-end à la mer, se rendre à Paris, en TGV... Franchement, on n'a pas hésité. », explique cette alsacienne d'origine. Après quelques CV envoyés dans les entreprises de la région, des coups de fil à des amis en Haute-Savoie, mais aussi à Genève, Clotilde V. décroche un poste dans une société immobilière. Son mari, informaticien, n'avait toujours rien trouvé lorsqu'ils ont commencé à remplir les cartons de déménagement. *« Mais on s'est dit qu'il suffisait que l'un d'entre nous trouve un job pour partir. Le jeu en vaut vraiment la chandelle. Quitte à galérer un peu au début, car surprise, les loyers et le coût de la vie ne sont pas si bon marché dans la région. »*

Cadre dans une compagnie pétrolière, Franck W. ne voulait plus non plus entendre parler de la capitale. Après un début de carrière à Paris, à La Défense, puis une mutation à Grenoble, la perspective de regagner la capitale, à la faveur d'une fusion, ne réjouit pas. Surtout avec deux enfants en bas âge. Une fois qu'on a goûté à la vie en province, plus question de revenir dans l'enfer parisien. La nouvelle organisation ne lui proposant pas d'autre alternative, il contacte plusieurs chasseurs de tête, opte pour le secteur des télécommunications et atterrit avec toute sa petite famille à Toulouse.

> Il y a dix ans tout le monde voulait monter à Paris

Dans les entreprises, les DRH constatent avec étonnement cet engouement pour la province. *« De plus en plus de jeunes consultants me demandent s'il y a des postes vacants dans les bureaux de Lyon, dans le Sud, voire à l'étranger,* note le DRH d'un cabinet d'audit et de conseil. *Ce n'était pas le cas, il y a dix ans. Tout le monde se poussait pour monter à Paris. »* Au petit jeu de la séduction des jeunes diplômés, les chefs d'entreprises n'oublient plus cet argument de vente. *« Et si vous souhaitez pour des raisons personnelles ou familiales vous installer dans une autre région, nous avons des missions à vous proposer dans toute la France.* », n'a cessé de répéter le président d'une société de conseil en ingénierie lors d'une journée portes ouvertes de recrutement où défilaient de jeunes ingénieurs. *« Nous éprouvons des difficultés à muter des collaborateurs de Lyon à Paris. Et pourtant notre population est très jeune. Mais ils se sentent bien ici.* », constate le DRH d'une entreprise de jeu vidéos dont le siège est situé dans la cité rhodanienne.

UN DÉPART SIGNIFIE SOUVENT RENONCER À SES RACINES

D'une manière générale, les salariés sont rétifs à la mobilité. Logique, répondent en chœur les spécialistes de l'accompagnement et de la mobilité. Un départ signifie souvent renoncer à ses racines, obliger son conjoint à abandonner son emploi et vendre son domicile. Un triptyque très contraignant. Certes, les cadres constituent la catégorie la plus mobile, et nombreux sont ceux parmi les « hauts potentiels » à savoir que la mobilité nationale et internationale est un passage obligé. Ceci étant, les candidats ne se bousculent pas au portillon. Surtout ceux qui dépassent la trentaine. Aux amoureux d'une autre qualité de vie de savoir s'engouffrer dans la brèche. Évidemment, toutes les destinations ne connaissent pas le même succès. Et dans les cabinets de recrutements, on s'arrache parfois les cheveux à essayer de pourvoir un poste. *« Un salaire digne d'une rémunération parisienne, un logement de fonction, des responsabilités de maintenance dans une usine prospère n'ont pas suffi à convaincre un cadre de venir s'installer à deux pas de Paray-le-Monial en Saône-et-Loire. Nos quatre candidats finalistes se sont tous désistés »* se lamente un chargé de recrutement. *« Même une entreprise comme la nôtre peine parfois à attirer des ingénieurs sur Clermont-Ferrand. »*, confie un cadre de chez Michelin.

SOUS LE SOLEIL
EXACTEMENT

« *Suer sang et eau au boulot, d'accord... Mais sous le soleil!*», plaisante Émilie H., 33 ans, célibataire et mordue de plongée. À 27 ans, la jeune femme a décidé de partir diriger, sous les palmiers, un centre d'optique nouvellement créé. «*J'avais mon diplôme en poche. Je feuilletais les offres d'emploi et j'ai vu... Tahiti! Je me suis dit pourquoi pas?*» Sur place, Émilie découvre la clarté des lagons et le plaisir de vivre «dans une carte postale». Mais n'oublie pas sa carrière.

«*Professionnellement, je stagnais. Le centre n'a jamais décollé et je savais que si je restais, j'allais finir par m'ennuyer ferme. Les eaux turquoise et les cocotiers ne peuvent pas tout compenser.*» Deux ans après son arrivée dans l'île, Émilie H., la mort dans l'âme, a pris le chemin du retour. Et a posé ses affaires à Montpellier. «*Le choc Tahiti-Paris aurait été trop violent. Dans le Sud de la France, j'ai vraiment réussi à concilier qualité de vie et épanouissement professionnel.*»

Entre une carrière au siège parisien et des expériences à l'étranger, Bernard V., 53 ans, cadre dirigeant dans l'industrie chimique n'a jamais tergiversé. Londres, Amsterdam, Kuala Lumpur, Istanbul et, aujourd'hui, Johannesbourg. «*Nous avons vécu des moments que nous n'aurions jamais pu imaginer.*

Habiter sur place reste le meilleur moyen de découvrir un pays, des cultures... » Mais pour ce cadre supérieur, de tels privilèges ne s'acquièrent pas sans quelques sacrifices, ni un minimum de précautions à respecter. À commencer par la concertation familiale. *« J'ai eu de la chance, mon épouse a toujours encouragé mes choix. Mais, elle a dû renoncer à son emploi en France pour me suivre et élever nos trois enfants. Sur place, elle a toujours trouvé une occupation, un intérêt à notre nouvelle existence. Mais ce n'est pas le cas de nombreuses femmes d'expatriés qui craquent au bout de quelques mois d'inactivité. »*

AU DANEMARK, LES ENFANTS SORTENT DE L'ÉCOLE À 14 HEURES 30

Un problème d'autant plus aigu pour les jeunes couples de cadres préoccupés par leur progression de carrière respective. D'où la nécessité de bien réfléchir avant d'aller chercher les visas. Salarié chez EDF, Vincent C., jeune cadre et père de famille a décidé, une fois n'est pas coutume, de suivre sa femme ingénieur au Danemark. *« C'était notre désir à tous les deux de souffler un temps à l'étranger, d'échapper à Paris, de profiter de nos enfants en bas âge. Ma femme a été la première à décrocher un job là-bas. J'ai demandé un congé sabbatique suivi d'un congé de formation sans solde et j'ai joué les papas poules. Au Danemark, les enfants sortent de l'école à 14 heures 30 ! »*

À chaque couple d'étudier les conditions de son départ, d'évaluer, autant que faire se peut, ce qui relève du rêve pur, de la possible réalité... Il faut pouvoir partir en connaissance de cause. Difficile pourtant d'évaluer, par exemple, sa résistance au changement ou ses facultés d'adaptation avant d'être parti... À chaque candidat au voyage de savoir profiter des opportunités offertes par son entreprise. De nombreuses

MA VIE DANS L'ENTREPRISE

Pour quel statut opter ?

Quid de l'assurance maladie, des points retraite... lorsqu'on vit loin de chez soi ? Tous les cadres n'ont pas les coudées franches pour choisir la formule la plus avantageuse. Mais autant savoir où l'on met les pieds.

Un salarié détaché est envoyé en déplacement à l'étranger par son entreprise dont le siège social se trouve en France. Sa mission ne peut excéder un an s'il travaille dans l'Union européenne. La durée varie selon les accords bilatéraux signés avec la France (cinq ans avec les États-Unis, trois ans avec la Turquie...). En l'absence de tels accords, le détachement ne peut excéder trois ans, renouvelables une fois. Le cadre détaché demeure sous le régime de la Sécurité sociale français. L'employeur continue de payer des cotisations sociales (retraite, chômage...) au régime français.

Un salarié expatrié travaille à l'étranger pour un employeur français qui n'a pas choisi le détachement. Ou qui a été directement **recruté par une entreprise locale**. Il dépend donc de la Sécurité sociale du pays d'accueil. Si ce dernier est lié à la France par un accord bilatéral de Sécurité sociale, il bénéficie des dispositions de cet accord. L'expatrié peut adhérer à l'une des trois assurances volontaires de la Caisse des Français à l'Étranger, voire souscrire une assurance auprès d'une compagnie privée. La plupart du temps, l'entreprise française qui « expatrie » se charge de toutes les démarches administratives mais il est souvent salutaire de négocier ces détails avec la DRH avant le départ.

sociétés, conscientes de l'enjeu familial dans le succès d'une mission, accompagnent désormais les conjoints. Visites guidées dans le pays d'accueil, soutien pour trouver un appartement, voire un nouvel emploi, préservent des mauvais réveils. Dans son accord Cap 2010, le groupe Accor propose ainsi au conjoint du salarié muté, de l'aider à monter ou à valider un projet professionnel. Le groupe va jusqu'à lui proposer des offres d'emploi. Des sociétés, telles Move in, France Global Relocation, Net Expat, M2M…, spécialistes de la mobilité, sont de plus en plus nombreuses à proposer leurs prestations pour réussir l'intégration du couple.

Deuxième conseil important: s'assurer de sa – bonne – couverture sociale. Il existe une sacrée différence entre un recrutement local et un statut de détaché d'une entreprise internationale qui, la plupart du temps, se charge de toute la paperasserie et surtout évite les surprises désagréables. Où payer ses impôts, quel est le coût de la vie… autant de questions à régler avant de partir.

LE PANIER DE LA MÉNAGÈRE, LE LOCAL…

Car, on ne fait plus fortune à l'étranger. Avec l'ère des «baroudeurs» s'est éteinte celle des formidables packages que les entreprises avaient l'habitude d'octroyer. Certes, des primes subsistent, notamment dans les pays à risques. Mais une expérience à l'international est désormais considérée comme une étape dans la carrière d'un dirigeant. Et si de plus en plus de groupes internationaux mettent tous les atouts de leur côté pour réussir l'intégration d'un cadre, ils n'en sont pas moins regardants. Des consultants étudient le coût de la vie sur place (panier de la ménagère, loyer d'un appartement…) pour ensuite fixer une rémunération en conformité avec celle d'un alter ego employé en France. Certaines déconvenues ne sont cependant pas impossibles: détaché par son entreprise à Houston, Éric R. n'avait pas mesuré la complexité et, surtout, le poids de la fiscalité américaine. *«Après six mois sur place, j'ai vite réalisé, calculette en main, que je gagnais moins qu'à Paris. J'ai dû négocier une compensation avec mon employeur.»*, explique-t-il.

Partir à deux : le « suiveur » a droit à l'Assedic

Quitter un emploi intéressant est souvent un choix difficile à faire. Petite consolation, démissionner pour suivre son conjoint muté donne droit aux allocations de chômage, le temps de retrouver un poste. Seule condition, le couple doit changer de résidence. La commission paritaire de l'Assedic examine ces démissions « pour motif légitime ». La mobilité du conjoint (mari, concubin, pacsé) doit répondre à des critères précis ; mutation, changement au sein du groupe, création d'entreprise.

Il est également toujours intéressant de négocier auprès de l'employeur du salarié muté, la possibilité pour le conjoint d'obtenir une aide à la recherche d'emploi, voire le financement d'un outplacement.

Enfin, last but not least, il convient d'assurer ses arrières. C'est à dire, avant même de partir, préparer son retour. À chacune de ses nouvelles mutations, Bernard V. a essayé de fixer des échéances avec sa hiérarchie. *« C'est parfois difficile à un ou deux ans près. Mais, il faut éviter à tout prix que l'on vous laisse poireauter à l'autre bout du monde. Travailler loin des centres de décision et des manœuvres politiques ne facilitent pas la promotion. Il ne faut jamais perdre une occasion de se rappeler au bon souvenir du siège. »* Depuis la Scandinavie, Vincent C., n'avait jamais vraiment perdu le contact avec son entreprise. Pourtant, le retour à Paris s'est avéré plus difficile que prévu : *« Mes anciens patrons ont été mutés. On m'a proposé un poste équivalent à celui que j'occupais. Mais il a fallu recommencer à faire ses preuves... »*

De leur côté, les entreprises ont progressé dans la gestion de leurs salariés internationaux. Elles deviennent vigilantes sur la durée des expatriations. Elles ne veulent plus avoir à négocier avec des « expats » qui ont trop goûté à la belle vie. *« C'est notamment le cas pour les cadres qui reviennent d'Afrique,* souligne le DRH d'un constructeur automobile. *Soleil, belle maison, ambiance coloniale, nounous pour les enfants... Difficile ensuite de se retrouver dans un F4, à Boulogne. De toutes façons, les carrières ne sont plus gérées artisanalement, selon le principe des chaises musicales. La politique consiste à favoriser les missions courtes à l'étranger et à ne pas les enchaîner. Un retour au siège est préférable entre deux départs. Nous possédons également un logiciel de gestion des carrières qui nous permet de mieux suivre nos cadres, de les former si nécessaire et de ne pas les « oublier » à l'autre bout du monde. »*

> Dur le F4
> à Boulogne
> après la vie
> « d'expat »

MÊME DANS UN COIN PERDU, ON A INTERNET

Restent les irréductibles, ceux qui n'envisagent pas de retour prochain dans l'Hexagone. Fatigués de travailler, l'un dans une SSII parisienne, l'autre une société de production audiovisuelle, Lionel B. et Charles Z., deux copains d'enfance, ont plaqué stabilité et treizième mois pour monter un hôtel-restaurant, à Chypre. Pas question de revenir « s'enterrer à Paris ». Et si les circonstances les forçaient un jour à faire machine arrière ? *« On a Internet. Même dans notre coin perdu. Il sera toujours temps de nous replonger dans les sites emploi ! »*

© APEC - Éditions d'Organisation (Groupe Eyrolles)

À lire :
- **«Du désir au plaisir de changer»** par Françoise Kourilsky- Belliard, 1999, 344 pages, Dunod, 26 €
- **«Les territoires de la mobilité»** par Michel Bonnet, Editions Liaisons, Editions Liaisons, 2000, 224 pages, PUF, 18,29 €
- **«Mobilité internationale»** par Eric Delon, 2000, 144 pages, 16, 77 €
- **«Travailler en Europe : mobilité, recrutement, culture»** par Maude Tixier, 1995, 384 pages, Editions Liaisons, 44,21 €
- **«L'expatriation»** par Jean-Luc Cerdin, 2001, 320 pages, Editions D'Organisation, 32,00 €
- **«La stratégie du mouvement»** par Hélène Burzlaff et Jean- Pierre le Padellec, Editions Liaisons, 2001, 154 pages, 22,50 €

Les sites Internet :
www.eures-jobs.com/jobs/fr: Site du réseau EURES dédié à la mobilité professionnelle en Europe, 8 000 offres d'offres d'emploi «transnationales» y sont répertoriées en moyenne chaque mois ainsi que tous les liens avec les agences nationales pour l'emploi
www.cerclemagellan.com/: site consacré à la mobilité internationale ainsi qu'aux ressources humaines

> SCHLUMBERGER N'OUBLIE PAS LES CONJOINTS

En 2001, plus de 13 % des 60 000 salariés de Schlumberger travaillaient hors de leur région d'origine. Un record. Car les entreprises privilégient de plus en plus les recrutements locaux au détriment de l'expatriation à l'ancienne, beaucoup trop coûteuse. Et souvent hasardeuse. L'un des principaux facteurs d'échec d'une expatriation trouvant sa source dans l'inadéquation de la famille à son nouvel environnement. Une donnée qui n'a pas échappé au groupe Schlumberger.

Depuis des années, l'entreprise planche sur les problèmes de parité hommes-femmes et de mobilité géographique. Un poste de « diversity manager » a même été spécialement conçu pour tenter d'améliorer le quotidien des salariés mais celui, aussi, de leurs conjoints. Un collaborateur est muté à Singapour ? Le groupe ne laisse pas le couple se débrouiller sur place avec un plan et quelques guides pour dénicher un logement ou décrocher une place au lycée français. Toutes les démarches administratives sont facilitées. Un site Internet a été créé pour les épouses des collaborateurs de Schlumberger (Schlumberger Spouse Association). Au programme : une foule de détails pratiques et de bons tuyaux pour réussir son intégration. Quant au manque de place dans les écoles internationales, le groupe essaie également d'y remédier en développant ses relations avec ces établissements, voire en communiquant ses besoins le plus en amont possible.

Mais surtout, Schlumberger aide le conjoint à trouver un emploi. En 2001, l'entreprise s'est rapprochée de Rhodia, Hewlett Packard, Ondeo, Thalès, Danone... confrontées aux mêmes difficultés, et a eu l'idée de mettre en commun une base de données d'offres d'emploi à destination de la femme ou du mari. Accessibles, *via* un mot de passe, ces propositions sont disponibles sur le site : partnerjob. com. Elles sont alimentées par l'ensemble des partenaires, mais également par des entreprises locales. Les conjoints peuvent mettre leur CV en ligne. En marge de cette initiative, Schlumberger a entrepris des opérations de lobbying auprès des gouvernements pour faciliter l'insertion professionnelle du conjoint. Obtenir un visa de travail n'est pas chose aisée. Toujours en 2001, une nouvelle association Permits Foundation, soutenue par Shell, British Telecom, Unilever, Siemens, a vu le jour. Toute une palette d'outils dont ne bénéficient pas encore une grande majorité de candidats au voyage.

Chapitre **8**

LOIN DES YEUX, MAIS PAS LOIN DU CŒUR

Échapper à la course folle des transports, pouvoir travailler sans être jamais dérangé par la sonnerie du téléphone, ni aucune autre interruption intempestive d'ailleurs... Tel est l'avantage que goûtent de plus en plus de télétravailleurs. Sans compter l'occasion qui leur est ainsi donnée de croiser plus souvent leur famille, de mieux disposer de leur temps, de se montrer plus disponible. Mais, pour éviter que « loin des yeux » ne rime pas avec « loin du cœur », il convient toutefois de rassurer un employeur anxieux de ne plus avoir un collaborateur « sous le coude ». Il convient également de définir des limites. À trop mélanger lieu de vie et lieu de travail, on finit, parfois, par ne plus jamais décrocher. Et à récolter l'inverse de l'effet escompté.

J'ALTERNE MAISON ET BUREAU

Martine K., illustratrice, salariée à mi-temps d'un groupe de presse et d'édition, vit à plus de 600 kilomètres de son employeur parisien. Tout près de Cahors dans l'Aveyron, elle a installé sa table à dessin pour vivre avec son œnologue de mari. *« Une des pièces de notre maison à la campagne ressemble à la Nasa,* plaisante-t-elle. *J'y ai installé deux ordinateurs, un téléphone fax, un scanner, une imprimante couleur haute définition. Plus connectée au monde que moi, il n'y a pas ! »* Tout cet arsenal lui permet de communiquer en permanence avec l'équipe de Paris. *« On discute des projets par téléphone, les commandes se font par mail. De mon côté j'envoie des esquisses par Internet. Puis après discussion, j'affine les illustrations. Que je sois située à deux pâtés de maison du groupe ou à cinq heures de route ne change rien. Néanmoins, dès que je monte à Paris, je passe toujours au groupe. Le contact physique est important. »* Martine K. reste cependant un cas isolé. Le télétravail « pur et dur » à domicile, cinq jours sur sept, grande promesse de la fin des années 1980, n'a pas encore vraiment décollé. Quant aux plus grandes structures câblées, délocalisées et censées rassembler plusieurs salariés de différentes entreprises, ces rares initiatives toujours citées en exemple (le Télespace de Villard-de-Lans, créé à l'initiative d'EDF, de Schneider et de La Poste...), n'ont guère fait d'émules.

LE CYBERTRAVAIL FAIT GAGNER DU TEMPS

En Île-de-France, les bureaux de voisinage sommeillent dans les cartons. Ces espaces de travail entièrement informatisés qui devaient être installés aux abords des gares RER et permettre aux banlieusards de gagner un temps précieux sur les transports, ne sont pas sortis de terre. Quant aux entreprises, en dehors de quelques pionnières, elles hésitent à franchir le cap. « *On se heurte systématiquement aux mêmes difficultés*, explique un chargé de communication pour un grand groupe pharmaceutique, et pionnier du télétravail. *Celui de la perte de contrôle du supérieur hiérarchique sur ses collaborateurs.* »

Les chiffres parlent d'eux-mêmes. En 1999, la commission européenne chargée des téléactivités notait que seul 1,8 % de la population active française pratiquait le télétravail, loin derrière la Finlande, la Norvège ou les Pays-Bas.

Mais, si le télétravail demeure encore l'apanage des architectes, consultants, avocats ou encore traducteurs, nul doute qu'il va connaître une explosion. Deux facteurs y contribuent largement: le développement des nouvelles technologies et la mondialisation. Avec la multiplication des outils informatiques, le «cybertravail», «l'e-business» ont de beaux jours devant eux. « *Le gain de temps est indéniable,* remarque un responsable des ressources humaines chez Xerox. *Un ingénieur commercial qui communique par téléphone portable, rédige des messages par mail, boucle ses dossiers, entre des comptes rendus sur son PC depuis son domicile, sa chambre d'hôtel ou un aéroport est très réactif pour les clients et pour l'entreprise.»* De plus en plus de cadres ont, d'ailleurs, accès à l'Intranet de leur société, *via* un mot de passe. Autre avantage pour les entreprises ; ces salariés nomades n'occupent plus de bureaux à temps plein et leur font économiser le prix, souvent prohibitif, du mètre carré.

L'internationalisation des grands groupes et l'essor des équipes virtuelles induisent aussi *de facto* une nouvelle organisation. Chargé de mission dans une entreprise de l'électronique, Philippe de L., basé à Paris, «reporte» à son patron japonais à Londres et anime une équipe de chercheurs à Madrid, Tokyo et Francfort. *«Je partage mes journées entre le bureau et mon domicile. Je dois systématiquement jongler avec les décalages horaires. Alors autant être tranquille à la maison pour passer un coup de fil. Et, c'est plus sympathique que de rester tout seul dans une tour avec le veilleur de nuit. L'essentiel est de savoir être disponible pour toute l'équipe et de boucler le boulot dans les délais.»*

Tout seul dans une tour avec le veilleur de nuit

Tout comme Philippe de L., Bénédicte W., consultante en informatique, télétravaille occasionnellement. Cette formule, plus informelle, est de plus en plus répandue et n'entre pas encore dans les statistiques *« Les choses se sont faites naturellement,* constate-t-elle. *Jusqu'à la fin des années 1990, on passait systématiquement au bureau entre deux missions. Aujourd'hui, peu importe le lieu d'où l'on effectue son activité. La notion de travail rendu l'emporte sur tout le reste. Et*

© APEC - Éditions d'Organisation (Groupe Eyrolles)

France Telecom épaule ses « télétravailleurs »

Les salariés nomades, l'opérateur téléphonique connaît. Ingénieurs commerciaux, managers, vendeurs... sont nombreux à ne plus travailler assis tout le jour derrière le même bureau. En 2001, ils étaient quelque 2 600 à exercer leur activité de manière autonome. Mais la direction de France Telecom s'est attachée à peaufiner leur accompagnement. Un directeur du projet télétravail a même été nommé pour l'occasion. Chaque collaborateur bénéficie d'un kit complet, baptisé « service PC nomade ». Outre l'ordinateur portable qui lui permet d'accéder à l'intranet du groupe et de communiquer par e-mails, le travailleur nomade a accès à une hot line (assistance technique) et reçoit un « livret du télétravailleur » qui répertorie les règles à suivre. Une charte, à cosigner avec le collaborateur, précise les clauses juridiques du travail nomade.

Mais surtout, France Telecom a mis l'accent sur l'aspect pédagogique. Une série de questions/réponses sur le sujet a, également, été éditée. Et ces salariés nomades, ainsi que leurs supérieurs hiérarchiques, ont la possibilité de suivre des formations. Comment mieux gérer son temps ? Comment piloter un salarié nomade ? Quelle organisation efficace mettre en place... ? sont autant de questions censées éviter les écueils du télétravail.

plus personne ne vous regarde de travers, si vous êtes absent plusieurs jours d'affilée. » Bénédicte W. n'a pas eu à négocier l'autorisation officielle de travailler à domicile. *« La plupart du temps, j'explique que je souhaite être au calme pour terminer un projet. Et de toutes façons, nous sommes moins contrôlés par un* « petit chef » *que par les objectifs à atteindre. À moi de m'organiser. Si je décide de faire des courses dans l'après-midi pour éviter les cohues ou si j'emmène les enfants au cinéma le mercredi après-midi, je rattrape le soir lorsqu'ils sont couchés.* »

Plus avantageuse pour les salariés et les entreprises, cette organisation est prisée par de nombreux groupes. À commencer par les sociétés de haute technologie. Les ingénieurs, managers et commerciaux, plus itinérants par nature, sont en première ligne. Mais, même le secteur public s'y met. Au rectorat de Bordeaux, afin de réussir cette fameuse «conciliation», des fonctionnaires travaillent en rythme alterné: deux jours à domicile, trois jours au bureau. Certes, ce télétravail alterné ou «à la carte» requiert de l'organisation: dans sa société de conseil, Bénédicte tient compte des réunions collectives. Pas question de choisir ce jour-là pour potasser un dossier chez elle.

Quant aux entreprises, elles savent qu'il leur faut adapter leur management. « *L'encadrement ne peut plus vouloir tout contrôler comme avant*, constate un consultant en ressources humaines. *Les vieilles recettes calquées sur le présentiel n'ont plus lieu d'être. Les managers doivent désormais animer et piloter des équipes. Ce grand changement demande souvent des formations.* » À ces dirigeants de savoir également tisser des liens entre des équipes de plus en plus virtuelles.

L'IDÉE :
NE PAS SE DÉRANGER MUTUELLEMENT
TOUTES LES CINQ MINUTES

Une tâche ardue lorsqu'il s'agit de communiquer avec des collaborateurs éloignés géographiquement. Tous les lundis, Philippe de L. choisit de les contacter par téléphone. Une sorte de rituel. « *On fait le point. Nous discutons de choses et d'autres. Et la majeure partie du temps, on s'envoie des e-mails.*

Ce qui nous laisse à chacun le temps de digérer une info et de répondre au moment le plus opportun. Car l'idée n'est pas de se déranger mutuellement toutes les cinq minutes. » Une fois par mois, Philippe prend l'avion pour l'Europe, tous les quatre mois pour le Japon. *« Sur place, on apprend à mieux se connaître. On déjeune ensemble. »* Une façon pour des collaborateurs « éclatés » d'aborder des problèmes plus personnels et de ne pas vivre en électron libre au sein d'entreprises dont les organisations, et les organigrammes deviennent de plus en plus nébuleux.

J'ÉVITE
LA CONFUSION
DES GENRES

Du côté des cadres, il s'agit aussi de se montrer rigoureux et d'éviter soigneusement les pièges. Télétravailler ne signifie pas seulement se répartir les tâches professionnelles entre un domicile et un bureau. Attention à ne pas effacer complètement une frontière entre vie privée et vie professionnelle déjà sérieusement mise à mal. Où commence le travail, où se termine-t-il ? Un cadre plongé dans un magazine économique dans l'avion ou le train est-il toujours en activité ? Celui qui réfléchit sous la douche à un nouveau projet est-il déjà au boulot ? Celui qui consulte ses e-mails à minuit, juste avant de se coucher est-il réellement déconnecté ? *« Le nouveau paradigme productif vient chercher dans la vie de chacun cet assentiment intime, qui fait que le travail ne nous quitte plus. »*, analyse l'économiste Daniel Cohen dans «Nos temps modernes» (Flammarion). Et les outils de télécommunications, chaque fois plus nombreux et perfectionnés, n'arrangent pas la situation. *« Avec ces laisses électroniques que sont mobiles et portables, le moindre interstice temporel peut être utilisé pour travailler sept jours sur sept et vingt-*

© APEC - Éditions d'Organisation (Groupe Eyrolles)

quatre heures sur vingt-quatre.», souligne Jean-Emmanuel
Ray, professeur de droit et auteur de l'ouvrage «Internet,
Intranet, télétravail: le droit du travail à l'épreuve des NTIC»
(Éditions Liaisons).

PASSER DES COUPS DE FIL PERSONNELS AU BUREAU

Jamais, d'ailleurs, les entreprises n'ont été aussi enclines à
prêter, voire offrir ordinateurs et téléphones portables. Gare
toutefois à ce que ces nouvelles technologies ne soient pas
liberticides. Et le télétravail source de confusion entre sa vie
privée et professionnelle. D'ailleurs, si le professionnel «para-
site» souvent la vie privée, l'inverse est vrai. *«En théorie, les
outils mis à disposition par l'employeur devraient rester à
simple usage professionnel. En ce qui concerne internet, nous
avons mis au point une charte d'utilisation pour éviter les abus,*
souligne le DRH d'un fabricant d'électroménager. *Mais res-
tons raisonnables. On ne peut pas accepter de voir partir un
cadre avec des dossiers sous le bras chez lui et l'empêcher de se
servir du téléphone portable de la boîte pour réserver des
billets d'avion pour les vacances... »* Selon un sondage Liai-
sons-Sociales-Manpower, réalisé en 2001, si 55% des cadres
interrogés affirmaient être joints par téléphone en dehors des
heures, voire des jours de travail, ils étaient 45% à passer
des coups de fil personnels au bureau. Et alors que 68%
d'entre eux déclaraient emporter du travail chez eux, 27%
avaient recours aux équipements professionnels à des fins
privées.

Reste aux cadres à établir des règles. Annabelle B., commerciale pour un laboratoire pharmaceutique travaille en
moyenne deux jours par semaine chez elle. Le reste de la

semaine, elle sillonne l'Île-de-France ou se rend au siège de l'entreprise. *«J'ai commencé par aménager une petite pièce à moi*, explique-t-elle. *Au départ j'avais fait l'erreur d'installer l'ordinateur dans un coin du salon. Mais ça devient vite infernal. Il y a toujours quelqu'un pour écouter de la musique, regarder la télé... Et visuellement, il est difficile de faire une coupure. Je commençais à prendre mon salon en grippe. Dans mon petit bureau, personne ne vient me déranger. Comme un code implicite passé avec mon conjoint et ma fille. Et après le travail, je ferme la porte et je laisse le boulot derrière moi.»* Deuxième point, Annabelle s'est fixé des horaires. *«Alors que je ne consulte jamais ma montre au bureau, je suis beaucoup plus draconienne à la maison. À 16h30, je dois être aux portes de la maternelle pour récupérer ma fille. Du coup, j'essaie d'avoir tout bouclé avant. Et j'y arrive très souvent. Le simple fait d'économiser plus d'une heure et demie de transports aller-retour et de ne pas être dérangée sans cesse me fait gagner en concentration. Puis, je file à l'école, prends le goûter avec ma fille, ou on sort toutes les deux jusqu'à 18h30. Mon mari qui est enseignant prend alors le relais. Je peux reprendre le boulot là où je l'avais laissé ou passer la soirée avec eux.»* Mais quoi qu'il arrive, pendant ces deux heures «libérées», Annabelle ne décroche pas son portable, ne consulte pas ses e-mails. Aux messageries de jouer leur rôle !

Hervé F., statisticien, salarié dans un bureau d'études, s'impose également des limites lorsqu'il emporte du travail à la maison. *«Je liste des objectifs à atteindre. Si je traîne, tant pis pour moi, je finis plus tard. Mais dans la mesure du possible, je tente toujours de garder le cap. Et de ne pas chambouler l'em-*

> Si je traîne, tant pis pour moi, je finis plus tard

© APEC - Éditions d'Organisation (Groupe Eyrolles)

Télétravail : enfin un cadre juridique Européen

Ils sont près de 4,5 millions aujourd'hui. Ils pourraient être 15 millions d'ici 2010 ! C'est dire si les télétravailleurs européens vont étudier attentivement les dispositions de l'accord cadre signé par les partenaires sociaux européens le 16 juillet 2002*. Un accord historique qui vise à clarifier et conforter le statut du télétravailleur en permettant à ce denier de bénéficier des mêmes droits en matière de protection sociale, que les salariés travaillant dans les locaux de l'entreprise . Pour commencer, les partenaires sociaux rappellent que le passage au télétravail doit être volontaire et réversible pour le salarié comme pour le chef d'entreprise. Ils rappellent également qu'ils considèrent le télétravail comme un moyen, pour les entreprises, de moderniser l'organisation du travail et, pour les travailleurs, de concilier vie professionnelle et vie sociale en disposant d'une plus grande autonomie dans leur travail.

Deux principaux critères sont retenus pour définir le télétravailleur :

D'une part, il doit travailler à distance et de façon régulière (ce qui exclut les centres d'appel dont les locaux appartiennent en général à l'entreprise). D'autre part, il doit utiliser les technologies de l'information et des communications. Par ailleurs, des dispositions seront prises par l'employeur pour assurer la protection des données utilisées et traitées par le télétravailleur. Enfin, il est clairement stipulé que l'employeur respecte la vie du télétravailleur !

* Les membres signataires disposent de trois ans, à compter de la date de signature de l'accord, pour le mettre en œuvre dans chacun des Etats membres et ce, conformément aux procédures et aux pratiques nationales spécifiques aux partenaires sociaux.

ploi du temps perso que je m'étais fixé. Un ciné entre copains n'est jamais décommandé. Sauf cas de force majeure, bien entendu.» Et de ne pas non plus embarquer trop souvent

«ses» portables sur son lieu de vacances. *« Le piège est d'imaginer que si on n'a pas terminé un boulot, on pourra toujours
continuer sous un parasol. Mais cela peut vous bousiller un
week-end. Quand je pars trois ou quatre jours, je laisse l'ordinateur à la maison. En revanche, lors de congés prolongés, les
nouvelles technologies sont d'un grand secours. Cela évite de
rentrer quelques jours avant pour se remettre au travail. Bosser
au grand air est loin d'être désagréable. »*

AVEC LE TÉLÉTRAVAIL, DIFFICILE DE MESURER L'EFFORT FOURNI

Troisième point important. Définir avec son employeur la
charge de travail et surtout lui donner les clés pour l'évaluer.
Car loin des yeux, difficile pour un manager de savoir si une
tâche particulière a exigé davantage d'énergie et de temps que
telle autre. *« Le danger avec le télétravail est de ne plus mesurer l'effort fourni, mais seulement le résultat. En outre, certains
collègues vivent encore cette nouvelle organisation comme un
privilège. Pour ne pas être pris en défaut par une hiérarchie
susceptible de croire qu'ils se la coulent douce dès qu'elle a
le dos tourné, ils ont tendance à en faire plus. »*, remarque
Hervé F.

Apprendre à dire «non» est devenu une nécessité. Pas seulement à son employeur mais à soi-même. La facilité et les
aspects pratiques des outils de communication n'aident pas à
y voir clair. Quoi de plus innocent qu'un ordinateur dont on
se sert à la fois pour rédiger un rapport professionnel et
consulter les horaires d'une expo ? Quant au téléphone portable, il est tellement entré dans les sacs et autres mallettes
qu'il est difficile de le considérer comme un ennemi, un intrus
prêt à ramener parfois brutalement son propriétaire à la réa-

lité du travail. Au diable politesse et retenue. Si client,
employeur, fournisseur pouvaient nourrir quelques réserves à
l'idée d'appeler un cadre sur sa ligne fixe à la
maison, ils n'hésitent plus un seul instant à **Apprendre à dire**
composer le numéro de portable. Quels que **non est devenu**
soient l'heure ou le jour de la semaine. Cha-
cun estimant implicitement que le destina- **une nécessité**
taire reste libre de décrocher tout en
espérant secrètement que la réponse sera la plus diligente possible. Mais fermer son téléphone portable revient à s'exposer
à des critiques. « *Tu ne sais pas utiliser ton portable. Il est toujours sur messagerie!* », s'est vu reprocher Sandrine T., une
attachée de presse qui travaille à domicile plusieurs jours par
semaine.

QUAND JE TRIMBALLE TOUTE MON ARTILLERIE

Pourtant rien n'est laissé au hasard. « *J'ai tout doublé,*
s'amuse-t-elle. *J'ai deux téléphones portables et deux ordinateurs : à chaque fois un perso et un professionnel. Mes amis se
moquent de moi quand je trimballe toute mon artillerie mais
au moins la césure est clairement définie. Je sais, à l'avance, si
l'appel sera professionnel ou d'ordre privé. Et quel outil bran-
cher au moment opportun.* » Quant aux ordinateurs, plus
question de se laisser parasiter. « *Avant, je n'en possédais
qu'un. Avec la même adresse e-mail. Le week-end, la tentation était forte de lire un message professionnel entre deux
envois privés. Et je n'étais pas à l'abri des catastrophes, genre
perdre un fichier important suite au plantage du PC par un de
mes enfants pas très à l'aise avec les CD-Roms!* »
Trouver un équilibre reste cependant difficile. D'autant que

l'esprit start-up a soufflé sur le monde du travail. Bureaux-cocons transformés en salle de jeux, domiciles métamorphosés en lieux de travail, sans oublier le rapport plus passionnel et plus «copain-copain» au travail, ont contribué à mélanger allègrement vie privée et professionnelle. Les nouvelles formes d'organisation du travail, et notamment le télétravail, progressent sans réelle réflexion ni garde-fous. Qu'est-ce qu'un temps de repos effectif? Les syndicats s'interrogent sur les droits des télétravailleurs, une jurisprudence émerge sur les nouvelles technologies, certaines entreprises signent des accords pour réglementer l'usage des moyens de télécommunications. Signe positif: les parteniares sociaux européens ont signé le 16 juillet 2002, un accord cadré sur le télétravail (voir encadré). Mais en attendant que l'horizon s'éclaircisse, mieux vaut ériger, à titre individuel, ses propres barrières.

À lire :

* « Le télétravail » de R. Lemesle et J. Marot, PUF, 1996, 127 pages, 6,40 €
* « L'entreprise virtuelle » par Denis Ettighoffer, Editions d'Organisations, Collection Tendance, 2001, 392 pages, 25, 70 €
* « Comprendre et pratiquer le télétravail » de P. Alix, Lamy, 2001, 165 pages, 14, 94 €
* « Le guide pratique du télétravail » par C. Gauthier, P. Dorin Lombard, E. Dumoulin, Editions d'Organisations, 1996, 104 pages, 14,91 €
* « Télétravail : concilier performance et qualité de vie » de l. D'Amours Collectif d'auteurs, Quentin, 2001, 154 pages, 24, 24 €
* « Internet, intranet, télétravail : le droit du travail à l'épreuve des NTIC » par Jean- Emmanuel Ray, Liaisons, 2001, 20 €

Les sites Internet :

www.cned.fr : (Centre national d'enseignement à distance)

www.new-business.com : un site de base de données et d'information sur le nouveau mode de travail

www.teletravail.net/ : annuaire professionnel classé par compétences

www.pteletravail.t2u.com/ : historique, les différents télétravailleurs, avantages et inconvénients, matériel et secteur d'activités

www.ospract.org/ : observatoire syndical des pratiques et des conséquences du télétravail (Ospract)

www.cyberworkers.com/ : annuaire de télétravailleurs

www.aftt.asso.fr (association du télétravail et des téléactivités)

> IBM ET SES BUREAUX DE PROXIMITÉ : OUBLIÉ LE CAUCHEMAR DES TRANSPORTS !

Comment améliorer la qualité de vie des salariés tout en économisant le coût du mètre carré prohibitif à La Défense ? IBM a trouvé la solution : développer des bureaux de proximité en région parisienne. Ces espaces entièrement équipés d'ordinateurs, de technologies de pointe et reliés au réseau de Big Blue, sont nés d'un constat édifiant. Selon une étude réalisée par l'entreprise, les salariés franciliens passent en moyenne deux heures par jour dans les transports. Perte de temps et de productivité, stress accru... Le constructeur informatique examine alors la localisation et les trajets quotidiens de ses collaborateurs et choisit les implantations les plus judicieuses à quelques pas d'une ligne RER. Fin 1999, le premier bureau de proximité ouvre ses portes au Pecq dans les Yvelines.

À l'époque, Margaret G., cadre chez IBM Global services, fait partie des pionnières. Elle réside à Saint-Germain-en-Laye et travaille

MA VIE DANS L'ENTREPRISE

à Noisy-le-Grand, à l'autre bout de la ligne A du RER, 18 stations, 1 heure 15 de trajet, tous les matins.

La possibilité de travailler trois jours par semaine au Pecq (IBM souhaite que ses salariés gagnent leur «port d'attache» deux jours par semaine) lui a changé la vie. En quelques minutes, elle gagne Le Pecq. «*À force de passer du temps dans les transports, il m'arrivait de commencer fatiguée au boulot.*», se souvient-elle. Grâce à ce système et calculette en main, elle affirme gagner trois jours par mois, soit trente jours par an. Et s'estime beaucoup plus productive qu'avant. Tout en pouvant mieux gérer son temps personnel : elle ne trouve plus les magasins portes closes à son retour du travail.

Depuis, d'autres bureaux de proximité ont été inaugurés, à Viroflay, à Saint-Maur... Rançon du succès, deux ans après, ils étaient un petit millier de collaborateurs franciliens à les fréquenter. D'une capacité d'accueil d'une centaine de salariés, ces immeubles accessibles entre 8 heures et 21 heures, du lundi au vendredi, offrent plusieurs possibilités. Chaque collaborateur peut s'installer dans un bureau paysager, un box ou une salle de réunion. La sécurité a été étudiée, les équipements informatiques particulièrement suivis. Même la machine à café n'a pas été oubliée. «Cela suscite même des jalousies de la part de salariés de la Tour Descartes, à La Défense» glisse un autre adepte des bureaux de proximité. À défaut de pouvoir ouvrir quantité de bureaux, l'entreprise a également développé des espaces de proximité dans des lieux existants. Ainsi, un salarié habitant à quelques kilomètres des implantations IBM de Corbeil-Essonnes ou de Noisy-le-Grand, mais dépendant d'un autre «port d'attache» peut demander à télétravailler depuis ces sites.

Chapitre **9**

D'AUTRES VOIES QUE CELLE DU SALARIAT CLASSIQUE

ÉCHAPPER À LA ROUTINE

Le besoin de liberté, l'envie de retrouver le plaisir de travailler, la nécessité de mieux maîtriser son temps incitent certains salariés à quitter l'entreprise, sa hiérarchie, ses contraintes... D'autres profitent d'un plan social, d'une fusion-acquisition... pour faire un bilan et réaliser leur projet personnel... Mais cette envie d'emprunter les chemins de traverse en créant, par exemple, son entreprise, en se mettant à son compte comme consultant freelance ou en se vendant comme «intérimaire de haut vol» ne s'improvise pas. D'autant que les formules sont multiples. Il ne s'agit pas de se tromper entre le statut d'indépendant et celui de salarié.

JE PRÉPARE
MON CHANGEMENT
DE CAP

François-Xavier V., 34 ans, juriste dans un grand groupe d'électroménager ne s'était jamais posé de questions sur son avenir professionnel. Études littéraires, fac de droit, la voie était toute tracée. Un DEA en poche, il intègre naturellement le service juridique d'une entreprise. Pendant dix ans, immersion totale dans les contrats, les opérations de rachat, les licenciements individuels et collectifs... Jusqu'au jour où il finit par se lasser. *« Je commençais à aller au bureau à reculons. La hiérarchie, l'ambiance du service ne me satisfaisaient plus. J'avais à la fois le sentiment de m'étioler et ne pas pouvoir progresser professionnellement. »* Un soir, ce passionné de BD et de littérature policière refait le monde avec un de ses copains de promo, dans le même état d'esprit. *« On a commencé par échafauder des plans sur la comète : et si l'on créait notre propre entreprise... ça nous plairait vraiment. »* Les deux acolytes se prennent au jeu et décident d'ouvrir une librairie spécialisée, avec un coin café et petits gâteaux. François-Xavier V. donne sa démission. Son associé parvient à négocier son départ et tous deux se lancent dans l'aventure.

MA VIE DANS L'ENTREPRISE

Autre parcours, mais même saut dans l'inconnu pour Jean-Claude L., cadre supérieur dans une banque. Plus de 25 ans dans la même société. Toute une carrière au siège parisien. Puis, à la suite d'un différend avec la direction, il est poussé vers la sortie. « *On me proposait tout de même un autre poste au sein de l'entreprise. À quelques années de la retraite, cela fait réfléchir.* » Mais Jean-Claude L., féru d'enseignement et de management, prend le temps de la réflexion. Pourquoi ne pas se lancer dans un projet personnel et en profiter pour se mettre au vert ? « *Sans cet incident de parcours, je n'aurais sans doute jamais eu le courage de claquer la porte. Mais, il m'a semblé que le moment était venu.* » Propriétaire d'une bastide dans le Sud-Ouest, il a décidé d'ouvrir un centre de formation pour cadres dirigeants.

DES SAUTS DE PUCE AU GRÉ DES OPPORTUNITÉS

De plus en plus de cadres privilégient, désormais, leur épanouissement personnel au détriment d'une carrière prometteuse. Souvent au prix de sacrifices financiers, leur ambition change de cible. Plutôt que de gravir un à un les échelons, ils préfèrent les sauts de puce au gré des opportunités et de leurs envies. Quelques grandes entreprises semblent avoir bien compris le message. Pour éviter que leurs meilleurs éléments ne cèdent aux sirènes de l'aventure, elles favorisent « l'esprit entrepreneurial » au sein même de leurs entités. Nombre d'entre elles, à la grande époque de la net économie, ont même été jusqu'à développer des « incubateurs », des « jeunes pousses » dans leurs murs. Surtout, elles ont compris qu'il ne fallait pas seulement mettre l'accent sur les carrières verticales, mais également laisser la possibilité, à certains cadres, de pro-

Se poser les bonnes questions avant de sauter le pas

Inutile de partir sur un coup de tête. Mieux vaut, au préalable, utiliser les outils à disposition. Sous réserve de justifier d'une activité salariée de cinq ans dont douze mois dans l'entreprise actuelle, les cadres ont la possibilité de se faire financer un **bilan de compétences** au titre du plan de formation. Dans le cadre d'un congé individuel de formation (CIF), ils peuvent, également, demander un bilan. S'ils ont déjà donné leur démission ou s'ils sont demandeurs d'emploi, ils peuvent s'adresser à l'Apec qui possède une liste de centres de bilans de compétences agréés.

Car, il existe des organismes officiels : les CIBC (Centres Inter-institutionnels de Bilans de Compétences, www.cibc.net), mais aussi pléthore de cabinets privés. Les plus chanceux, et souvent les plus hauts placés dans la hiérarchie, ont la possibilité de solliciter le soutien d'un coach. À l'occasion d'une promotion dans l'entreprise, d'un changement organisationnel, voire d'un «passage à vide» d'un cadre, l'aide de ce dernier peut s'avérer précieuse.

Enfin, il existe toute une batterie de **tests de motivation** développés par des psychiatres, des psycho-sociologues, des sites emploi, voire des consultants en ressources humaines. Souvent disponibles sur le Net, ils aident les cadres à mesurer leur ambition, leur aptitude à négocier un nouveau virage.

À consulter :
www.selfeval.com,
www.cybersearch.fr (test Manhattan)...

gresser sans qu'ils aient nécessairement à assumer des responsabilités de gestionnaires. *« Demander à un ingénieur passionné par la technique de devoir manager des équipes, de se plonger dans la paperasserie n'est pas très efficace à terme. La plupart du temps, il n'a pas été formé à l'encadrement et cela ne le passionne guère. Mais, très longtemps, cette voie a été la seule qui permette d'évoluer et d'accéder à une meilleure rémunération. »*, relève le DRH d'une filiale spécialisée dans l'aéronau-

© APEC - Éditions d'Organisation (Groupe Eyrolles)

tique. À l'instar de Renault, de la Snecma ou encore de EADS, de grands groupes ont mis en place plusieurs filières pour situer sur un pied d'égalité expertise technique et compétences managériales.

Mais, pour la grande majorité des cadres qui n'ont pas la chance de voir leurs souhaits se concrétiser, gagner en autonomie peut constituer une alternative. Le projet nécessite, toutefois, réflexion et préparation. François-Xavier V. et son partenaire ont mis plus d'un an avant d'ouvrir leur

> Il y a toujours de bonnes âmes pour vous décourager

librairie. Ils ont consulté commerçants et banquiers, interrogé un comptable, pris conseil auprès de leur entourage. Jean-Claude L. a, lui aussi, testé la validité de son projet. Il savait pouvoir compter sur un carnet d'adresses conséquent pour ouvrir son centre, mais n'était pas certain de maîtriser tous les à-côtés : accueil, hôtellerie, restauration… *« Autant multiplier les avis. Surtout qu'il y a toujours des bonnes âmes pour vous décourager, vous rappeler votre âge et la montagne de soucis en attente,* explique-t-il. *Sans une petite dose de folie et la solide intuition que le jeu en vaut la chandelle, inutile de se lancer. »*

LES 35 HEURES ÇA PEUT FAIRE SOURIRE

Rodolphe O., 29 ans, décorateur d'intérieur dans une entreprise de meubles, passionné par son métier, a préféré continuer dans sa branche, mais sans patron au-dessus de lui. Il a profité de la situation économique de son entreprise pour présenter son projet. *« À défaut d'annoncer un plan social lourd, ma société multipliait les départs volontaires, soutenait la création d'entreprise, l'essaimage… J'ai alors proposé à ma direction d'externaliser mon activité. Je continuais à assumer les mêmes responsabilités mais à mon compte. Et elle a dit banco.»* Avantage pour Rodolphe : bénéficier d'un volume d'activité et du fichier clients de son ex-employeur, tout en pouvant développer son propre réseau. Dans la foulée, Rodolphe O. a demandé à réaliser un bilan de compétences. Il devait s'assurer de posséder toutes les qualités requises pour créer sa boîte. Les deux premières années ont été mouvementées. *«Inutile de croire que l'on dispose de son temps comme on l'entend, se souvient-il. Les 35 heures, ça fait sourire lorsqu'on est à son propre compte. Mais mon entourage a été patient, a su apaiser mes angoisses. Et, j'avais vraiment le sentiment de donner un sens à mon job. Cela m'a beaucoup aidé. L'expérience est de toute façon enrichissante. J'ai beaucoup appris.»* Puis, Rodolphe a fini par prendre ses marques. Il connaît ses priorités et sait quand faire un break.

© APEC - Éditions d'Organisation (Groupe Eyrolles)

INDÉPENDANT OU SALARIÉ? MON CŒUR BALANCE

Gagner en autonomie n'est pas une sinécure. À la tête d'un petit organisme de formation spécialisé dans la performance commerciale, Yves D., 43 ans, a dépensé beaucoup d'énergie à gérer les problèmes d'intendance. Ex-consultant d'un grand organisme de formation, il a mesuré à quel point les salariés sont chouchoutés. *« Je ne m'en rendais pas compte. Ma feuille de paie tombait tous les mois. Je jetais un coup d'œil sur le net à payer mais ne m'étais jamais plongé dans les arcanes des points retraite, des cotisations sécu… Il suffisait de passer un coup de fil à la DRH pour obtenir une info. »* Lorsqu'il a créé son entreprise, Yves D. a dû jouer les hommes-orchestres. *« Je devais tout faire, penser à remplir sans cesse des formulaires administratifs tout en essayant de développer mon chiffre d'affaires. Tout cela est très chronophage. »* Deux ans et demi après la création de sa TPE, Yves D. voit le bout du tunnel. Il travaille avec deux collaboratrices et un comptable à mi-temps. *« C'est maintenant que je mesure la liberté dont je dispose. Pour rien au monde, je ne retravaillerai dans une grosse entreprise, même si au début je me suis souvent demandé pourquoi je m'étais laissé entraîner dans cette* *galère.* » Organisation, rigueur, esprit d'initiative sont des qualités fondamentales pour tout candidat à la création d'entreprise, répètent en l'unisson les conseillers chargés d'accompagner les futurs entrepreneurs. Il ne suffit pas d'avoir une bonne idée. Encore faut-il la mettre en œuvre.

TRAVAILLER AUTREMENT AVOIR UNE VRAIE VIE PRIVÉE

Avant de s'embarquer dans une telle aventure, il est parfois préférable de tester le terrain et d'opter pour le salariat. Journaliste dans un quotidien, enceinte de son deuxième enfant, Isabelle de G. a choisi de ne plus ni courir, ni stresser en permanence. *« Je suis partie à la faveur d'un plan social. Je voulais travailler autrement, avoir une vraie vie privée. »* Ses indemnités en poche et quelques projets en tête, Isabelle démarche plusieurs entreprises. Mais là, problème. Autant celles-ci sont intéressées par ses propositions d'animation de colloques et d'écriture d'ouvrages, autant elles refusent de la salarier. *« J'étais en contact avec un ministère qui voulait bien me faire une facture mais qui légalement n'avait pas le droit de me rédiger un bulletin de salaire. Les organismes d'État, mais aussi les sociétés privées, me poussaient à me déclarer en indépendante. »* Dilemme. Isabelle n'est pas certaine, au moins au début de sa nouvelle activité, de pouvoir justifier d'un chiffre d'affaires suffisant pour pouvoir payer toutes les charges qui incombent aux « non-salariés ». En outre, son objectif premier était de réaliser des « one shot », de travailler ponctuellement.

Se mettre à son compte signifiait *de facto* perdre ses allocations de chômage, mais surtout se lancer à corps perdu dans une gestion très complexe. Son cabinet d'outplacement lui conseille alors de prendre contact avec une société de portage salarial. À

Le temps partagé

Travailler la même semaine pour une coopérative agricole, une imprimerie et un fabricant de meubles c'est ce que font les salariés à temps partagé. Cette forme de travail, parfois baptisée **multi-salariat**, qui s'est développée à la fin des années 1980 dans une période de crise, a d'abord été une bouée de secours pour de nombreux salariés licenciés. Dix ans après, elle est prisée par des professionnels soucieux de mieux équilibrer leur vie privée, voire d'accroître leurs compétences en multipliant les expériences dans différentes sociétés. Selon la Fédération Nationale des Associations de Travail à Temps Partagé (FNATTP), quelque 2 500 cadres avaient choisi cette formule en 2002. Des chiffres évolutifs, difficiles à cerner, car le salarié à temps partagé peut opter pour différents statuts. Soit, il accumule les contrats à temps partiels. À charge pour lui de signer avec chaque entreprise un contrat en bonne et due forme et d'être un véritable champion de l'organisation et des plannings. Il a, également, la possibilité de combiner l'exercice libéral avec le statut de salarié.

Soit, il est recruté par un **groupement d'employeurs.** Constitué en association, celui-ci «se partage» l'expertise du cadre en fonction des besoins des sociétés adhérentes. Avantage pour le collaborateur : il est embauché en CDI, ne possède qu'un seul contrat et ne doit pas gérer la logistique. Si une mission s'interrompt, le groupement d'employeurs entreprend de reclasser le salarié dans une autre entreprise. Avantage pour l'entreprise, notamment pour les PME : ne pas avoir à supporter le coût à temps plein d'un expert dont elles n'ont pas les moyens de s'offrir les compétences ou dont elles ont seulement un besoin saisonnier.

Contacts :
– Fédération nationale des associations de travail à temps partagé (FNATTP) : 8, rue du Pic-de-Barette, 75015 Paris. Tél. 01 45 54 91 72 ou 3615 TTP pour la liste des groupements d'employeurs en région.
– Association des Cadres de direction multi-employeurs (CDME). Même adresse. Tél. 01 45 54 80 84

charge pour celle-ci de régler tous les problèmes administratifs et d'éditer des bulletins de salaire et pour Isabelle de G. de dénicher les contrats. *« Durant cette étape intermédiaire, le système m'a enlevé une sacrée épine du pied. Je n'avais qu'à me concentrer sur mon activité. Pour le reste, la société de portage, moyennant une commission de 10 % sur la mission réalisée, s'occupait de tout.* » Cette dernière lui offre même une formation pour apprendre à négocier au mieux le montant de son chiffre d'affaires. Dans l'intérêt des deux parties. « *C'est certain, à la diffé-*

L'intérim pour tester son activité

rence d'une agence d'intérim qui vous trouve des missions, les sociétés de portage vous laissent travailler et démarcher en même temps. Mais d'un autre côté, elles sont très utiles pour des activités moins porteuses type édition, journalisme, traduction, infographisme, animation de colloques, formation... dont les agences d'intérim ne s'occupent guère. Et, puis cela permet de tester son activité. Si l'on atteint des chiffres d'affaires conséquents, autant alors se décider à se mettre définitivement à son compte. » Après plus de deux ans de collaboration avec sa société de portage, Isabelle est finalement recrutée en CDI par une société cliente. « *Je la connaissais bien. J'ai pu négocier un temps partiel et avec les jours de RTT, je continue à équilibrer temps personnel et professionnel.* »

Françoise S., 46 ans, et Laurent H., 53 ans, tous deux DRH, ont, quant à eux, choisi « l'intérim de transition ». Après plusieurs expériences dans différentes sociétés, dont la mise en place de plans sociaux, ils ont, eux-mêmes, fait les frais d'un licenciement économique. L'occasion de se remettre en question. Pour Laurent H., l'âge a joué un rôle déterminant dans sa recherche d'emploi. Trop cher. D'emblée, Françoise S. s'est décidée à ne plus travailler à plein temps dans une seule et même entreprise. Tous deux se sont alors tournés vers les sociétés d'intérim de transition. À l'instar d'entreprises comme EIM, Boyden Interim Executive, ETM, D & I, ces agences spécialisées dans l'accompagnement du changement recherchent activement des cadres dirigeants, polyvalents, adaptables, sachant gérer des situations de crise. Des « supers pompiers » capables de se glisser dans le fauteuil d'un directeur général dans l'attente d'un nouveau venu, de développer une entité, voire de fermer un site. En quête de flexibilité, mais aussi de plus en plus confrontées à des changements brutaux, les entreprises ne possèdent pas toujours de telles compétences en interne pour faire face. Une opportunité pour Françoise S. et Laurent H. qui y ont trouvé leur compte. Salariés, ces intérimaires de haut vol ont pris goût à la variété des missions. Françoise travaille même à mi-temps. *« Je réalise deux missions dans deux entreprises différentes. Et, je ne suis pas là le vendredi. J'ai réussi à définir une charge de travail avec chacune de ces sociétés. C'est toute une organisation. Tout le monde sait en permanence où me joindre. Et cela fonctionne. »* Quant à Laurent, sa nouvelle vie le satisfait. *« Je suis beaucoup moins stressé qu'avant. Je m'investis tout autant mais il n'y a plus cette pression, ce sentiment d'être lié à une entreprise dont chaque changement de stratégie est source d'insomnies. Désormais, je conserve toujours à l'esprit que je ne suis pas là pour la vie. Et, c'est essentiel pour pouvoir déconnecter le soir en rentrant du boulot. »*

> Tout le monde sait en permanence où me joindre

ON VENAIT D'ACHETER LA MAISON

Reste également, pour échapper au statut d'indépendant, la solution du groupement d'employeurs. Plus sécurisante que le travail en multisalariat où le cadre jongle avec plusieurs employeurs et une kyrielle de contrats, le groupement d'employeurs lui permet de ne pas avoir à se soucier de l'intendance. Une option choisie par Benoît K., expert-comptable breton. Son ancienne société déménageant, il n'a pas souhaité la suivre. *« Mon épouse avait un bon emploi dans une agence bancaire. On venait d'acheter la maison. Je n'avais pas envie de rompre cet équilibre. »* Pour ne pas quitter la banlieue rennaise, Benoît K. intègre un groupement d'employeurs et travaille pour plusieurs sociétés. *« Elles ont des besoins saisonniers en fonction des clôtures de compte. Du coup, je navigue entre différentes entreprises. Je n'ai pas à me soucier des plannings et la diversité me permet de gagner en compétences. »* Et en adaptabilité. Une qualité très précieuse pour de plus en plus de cadres appelés à constamment devoir opérer des choix professionnels et familiaux.

À lire :
- « Fisch ! Comment s'épanouir au travail et y prendre goût », par Stephen C. Laudin, Harry Paul, John Christensen, Lafon, 2001, 110 pages, 15,00 €
- « Accélérer les changement dans l'entreprise » par EIM, Editions du Huitième Jour, 2001, 118 pages, 17,99 €

Qui peut vous aider ? :
Faire un bilan de compétences avec l'Apec ou un centre agréé, renseignement à votre centre Apec : 0 810 805 805 (prix appel local)

Contacts :
Association des Cadres de direction multiemployeurs (CDME). Même adresse. Tél. 01 45 54 80 84
Crefac (Centre d'étude et de formation pour l'accompagnement des changements) : 01 48 46 51 99

Sites Internet :
www.carriere.msn.fr/: traite de tous les thèmes liés à l'emploi, de la recherche aux possibilités de reconversion en passant par les droit du salarié et de la formation
– Pour les cadres indépendants, et consultants autonomes
www.motamot.com : Espace dédié aux travailleurs indépendants
www.apce.com (Site de l'Agence pour la création d'entreprise)
www.travail.gouv.fr/infos_pratiques/crea_entreprise.html : (site du ministère du Travail)
www.seniors-management.fr : un site pour les cadres très expérimentes, de 40 à 60 ans etc.
www.portagesalarial.org : (SEPS) Le syndicat des entreprises de portage salarial
– Sites de portage salarial
www.isalariat.fr, www.missions-cadres.com, www.links-conseil.net, www.admissions.fr

> INDÉPENDANTS, CONSULTANTS AUTONOMES, QUELS STATUTS, QUELS DROITS ?

Les « **portés** ». Un statut à mi-chemin entre le statut d'indépendant et celui de salarié, voilà ce que proposent les sociétés de portage salarial nées dans les années 1990. Le principe est simple : le cadre, consultant, expert... démarche lui-même un client qui conclut avec la société de portage un contrat définissant le montant des honoraires (décidé par l'intéressé) et la durée de la mission. Tout au long de cette dernière, le cadre « porté » devient salarié de la société de portage. Le client verse des honoraires à la société prestataire qui les redistribue ensuite au salarié, déduction faite des charges sociales et de sa commission (qui varie entre 5 et 15 %). En moyenne, le salaire net du consultant porté correspond à la moitié du chiffre d'affaires de la mission.

Avant de se décider à se mettre à son compte, le salarié peut ainsi tester une activité sans risque tout en gardant son indépendance. Il conserve ses droits à l'Assedic et continue de cotiser à la caisse des cadres. De son côté, l'entreprise cliente n'a aucune démarche administrative à effectuer, ni cotisations sociales à régler. Cette externalisation ponctuelle lui permet de ne pas devoir augmenter ses effectifs.

À consulter :
- Le syndicat des entreprises de portage salarial (SEPS) : www.portagesalarial.org.
- Le volet portage de l'Agence pour la création d'entreprise (APCE) www.apce.com.
- Sites de portage salarial : www.isalariat.fr, www.missions-cadres.com, www.links-conseil.net, www.admissions.fr,...

Les intérimaires de transition. Pour la plupart cadres de haut niveau, très expérimentés, âgés en moyenne de 40 à 60 ans, les intérimaires de haut vol, également appelés managers de transition, proposent leurs compétences aux entreprises par l'intermédiaire de sociétés spécialisées dans l'intérim de cadres ou le management du changement qui les recrutent en CDD, voire en CDI. L'entreprise cliente verse des honoraires à la société d'intérim sur une base forfaitaire mensuelle. Les contrats peuvent prévoir des primes de succès.

À consulter :
www.seniors-management.fr.

Les indépendants. Un cadre souhaitant « se mettre à son compte » doit être immatriculé au registre du commerce (pour les activités industrielles et commerciales), ou au répertoire des métiers (pour les professions artisanales).

Il a également l'obligation d'être enregistré en son nom propre auprès des organismes sociaux, et doit régler lui-même ses cotisations sociales calculées en fonction de son revenu professionnel et soumises aux contrôles de l'Urssaf. « Non-salarié », il ne bénéficie pas de l'assurance-chômage, ni de la protection contre les accidents du travail ou les maladies professionnelles. À lui de recourir à une assurance volontaire.

À consulter :
www.apce.com : site de l'Agence pour la création d'entreprise
www.travail.gouv.fr/infos_pratiques/crea_entreprise.html : site du ministère du Travail

Chapitre **10**

ÊTRE EN MESURE DE NÉGOCIER SON ÉQUILIBRE DE VIE

JE ME DONNE LES MOYENS DE CHOISIR

MA VIE DANS L'ENTREPRISE

Souhaiter un meilleur équilibre de sa vie privée et professionnelle est légitime. Être en mesure de le négocier avec son employeur est une autre paire de manches. Les entreprises, en effet, ne sont tentées de dérouler le tapis rouge qu'aux salariés dont elles estiment avoir le plus besoin. Probablement ceux qui savent, d'eux-mêmes, enrichir leurs compétences. S'il ne s'agit plus de se faire passer pour « irremplaçable », il est plus qu'utile de savoir mettre de son côté un maximum d'atouts, notamment en sachant tirer profit des formations proposées. Le meilleur viatique pour garder la main sur ses choix de carrière. Mais l'entreprise n'est pas seule responsable de la réussite ou de l'échec de cette quête d'une meilleure qualité de vie. L'entourage a également son rôle à jouer.

JE DÉVELOPPE MON EMPLOYABILITÉ

Cohérence et longévité ne figurent plus au palmarès des vertus premières des entreprises. Dès lors, donner un sens à son travail est devenu, pour les salariés, une priorité. La logique industrielle disparaît, bien souvent, au profit du «court-termisme», l'esprit collectif à la faveur de l'individualisme. À tort ou à raison, compter – d'abord – sur soi pour progresser est le conseil le plus prodigué. À commencer par les entreprises elles-mêmes: «Soyez employables!», serinent les directions d'entreprises ou des ressources humaines. De leur côté, les cadres qui, de plus en plus, choisissent d'être «acteurs» de leur évolution de carrière semblent avoir compris le message. Trop bien, parfois, au grand dam de bon nombre d'employeurs qui, une fois leurs meilleurs éléments formés, les voient voguer vers d'autres horizons.

À l'image de Luc V., 32 ans, qui s'est fait recruter dans un grand groupe informatique avec, pour première intention avouée, de *«s'offrir une belle carte de visite»*. *«Il fallait venir travailler à Paris et accepter de partir souvent en mission,* explique ce Lyonnais dont l'objectif a toujours été de s'installer à proximité des Alpes. *Mais, je savais que l'entreprise proposait une très bonne formation aux ERP (logiciels de gestion intégrés) et qu'il me serait beaucoup plus facile de me vendre par la suite, surtout en région. »* Après plus de deux ans et demi passés dans ce groupe, clause de dédit-formation oblige, Luc V. plie bagages et trouve un poste de consultant à Grenoble. *« Pendant cette période, j'ai mis ma vie sociale entre parenthèses. Je voyais moins mes amis, la famille. Je dormais souvent à l'hôtel... Mais cette stratégie m'a permis de pouvoir choisir entre plusieurs offres d'emploi, de m'enraciner dans un coin que j'aime et de partir en randonnée dès que l'envie m'en prend. Si c'était à refaire, je n'hésiterais pas. »*

RETOURNER SUR LES BANCS DE L'ÉCOLE

Se donner les moyens de choisir pour ne plus avoir à « subir » les fluctuations du marché du travail suppose quelques sacrifices. Retourner sur les bancs de l'école en fait partie. Laurence H., chargée de la communication extérieure d'une entreprise de transports a demandé à suivre des cours du soir en allemand. *« L'entreprise a financé une partie de ma formation. Aujourd'hui, c'est tout bénéfice pour moi. Si de nombreux salariés baragouinent l'anglais, ils sont, en revanche, très peu à se débrouiller dans la langue de Goethe. Dès qu'il s'agit de recevoir des clients allemands, on fait appel à moi. Mon boulot s'est même diversifié, au-delà de la communication. Je deviens parfois l'interprète officielle. Mon patron sait qu'il peut compter sur moi. C'est un détail, mais il a son importance. Dès lors, il devient beaucoup plus facile de négocier une contrepartie. »* À la naissance de son deuxième enfant, Laurence H. a sollicité ses mercredis. *« C'est passé comme une lettre à la poste. La confiance était bien installée entre nous. »* Bernard de G., 58 ans, s'est vu

JE VEUX DU TEMPS POUR MOI

offrir une formation pour cadres dirigeants à l'Insead. « *On bossait comme des fous, même le soir dans nos chambres. Mais, c'était très enrichissant. Il y avait des cadres internationaux, issus d'entreprises de secteurs différents... Cela permet d'avancer dans son propre boulot et de se construire un réseau très efficace.* » Une carte supplémentaire pour rebondir, le cas échéant.

BICHONNER SES TROP RARES RECRUES

Apprendre, se former ? L'antienne est connue, plus on est qualifié, plus les portes s'ouvrent. Une aubaine pour tous les cadres en place et les nouvelles recrues qui, dès 2004, devraient sentir les premiers effets du départ en retraite des baby-boomers. Selon les prévisions de l'Apec, pour la période 2004/2010, le marché de l'emploi accusera un déficit annuel d'environ 40 000 cadres (29 000 dans le secteur privé et 15 000 dans le public). Le moment ou jamais de proposer ses compétences dans les services aux entreprises et aux particuliers qui manqueraient de 9 000 à 18 000 cadres par an dès 2004 également, la banque, les assurances, (déficit annuel prévu de 6 000 à 8 000 cadres) l'industrie (de 7 000 à 13 000 cadres). Outre cette course aux compétences, il y a fort à parier que les entreprises en manque de personnel qualifié ne manqueront pas de «bichonner» leurs trop rares recrues, par la voie de la formation ou celle d'un contrat moral «revisité» garantissant un meilleur équilibre vie professionnelle-vie personnelle. Mais, dès aujourd'hui, les salariés en poste bénéficient de tout un arsenal pour éviter de voir leurs compétences menacées d'obsolescence, voire en acquérir de nouvelles, afin de faciliter une mobilité professionnelle vers d'autres activités. Outre les formations proposées par l'entreprise, les salariés peuvent demander à partir en congés individuels de formation (CIF) ou

© APEC - Éditions d'Organisation (Groupe Eyrolles)

MA VIE DANS L'ENTREPRISE

Après la VAP, vive la VAE !

Quitter l'école sans bagage et obtenir un diplôme de l'enseignement supérieur est possible depuis les lois de 1984, puis de 1992 sur la Validation des Acquis Professionnels (VAP). En clair, un salarié «formé sur le tas» et justifiant de cinq ans d'expérience peut présenter un dossier dans l'université de son choix, et faire certifier ses compétences professionnelles. Seul bémol, si le candidat n'a pas à retourner sur les bancs de la fac, il doit souvent repasser quelques épreuves pour obtenir le précieux sésame.

En 2002, la loi de modernisation sociale complète ce dispositif méconnu et fastidieux par la Validation des Acquis de l'Expérience (VAE). Beaucoup plus souple, elle dispense totalement les salariés -qui doivent, désormais, justifier de trois ans d'expérience professionnelle- d'avoir à passer un examen. À titre d'exemple, un cadre qui aurait gravi un à un les échelons pour être promu DRH a, ainsi, la possibilité, au vu de son dossier, de décrocher un DESS en ressources humaines. Cette validation concerne tous les titres et les diplômes professionnels. Autrement dit, l'Éducation nationale n'est plus seule à «valider». Les ministères de l'Emploi, de l'Agriculture, de la Défense, mais aussi certains organismes privés de formation sont habilités à le faire.

encore, pour les autodidactes, obtenir un diplôme ou un titre professionnel, grâce à la validation des acquis de l'expérience.

Le repérage, la mesure et la gestion des compétences n'ont jamais été aussi pratiqués par les entreprises qui ne se privent pas, non plus, de mesurer les performances – les logiciels de gestion des compétences et autres référentiels font de belles percées. Il peut donc être utile pour les cadres et les salariés, de s'auto-évaluer. En marge de bilans de compétences réalisés par des consultants extérieurs, de nombreux outils informatiques permettent, en interne, aux salariés d'entrer, anonymement ou non, des données concernant leurs savoirs et de comparer leurs profils à ceux exigés pour certains postes. « *Une arme à double tranchant,* explique un manager dans une société de conseil adepte de l'auto-évaluation. *Lorsque les résultats sont communiqués au chef de service ou à la DRH, ceux ci, s'ils constatent une lacune, peuvent déclencher une formation adéquate et rectifier le tir. Autre avantage, le système, plus transparent et plus objectif, limite aussi les favoritismes qui pouvaient prévaloir pour les augmentations ou les promotions : on a les compétences ou on ne les a pas ! Mais l'outil peut aussi se retourner contre nous et contrôler la productivité de chacun. Qui nous assure que ces questionnaires et tests ne vont pas servir de comparatifs entre les différents membres d'une équipe ?* »

> On a les compétences
> ou...
> on ne les a pas !

Enfin, parmi les appuis mis à disposition du salarié pour faciliter son évolution, l'intervention d'un coach peut s'avérer utile. Jean-Pierre C., directeur commercial d'une entreprise de la métallurgie a bénéficié de ce soutien : « *La direction voulait doper les résultats du service. Un coach est venu auditer. Il m'a prodigué des conseils sur le management, afin de motiver les troupes, notamment les commerciaux éloignés géographiquement. Nous avons revu le système de rémunération avec des primes plus attractives. L'année suivante, nous avons pulvérisé les résultats.* » Une réussite qu'utilise Jean-Pierre C. pour argumenter ses demandes lors de l'entretien annuel d'évaluation et définir des objectifs raisonnables. « *Cela évite un stress insurmontable qui ne manque jamais de se répercuter sur l'entourage.* » Car, selon le Cadroscope 2001 de l'Apec, 70 % des cadres interrogés travaillent en fonction d'objectifs. Mais la moitié d'entre eux ne parvient pas à les atteindre.

© APEC - Éditions d'Organisation (Groupe Eyrolles)

JE TRAVAILLE SUR MOI-MÊME

Dans son ouvrage «La source du bonheur», Christian Boiron, le P-dg des laboratoires éponymes, souvent cités en modèle d'entreprise «sociale», prône une évolution vers un management qui donne davantage confiance aux salariés. Et pour lui faire écho, les stages en estime de soi, en affirmation de soi, en «assertivité» semblent séduire un nombre croissant d'entreprises. *« Ces formations ne sont pas proposées pour l'unique plaisir des collaborateurs,* assure la responsable d'un stage en estime de soi qui, depuis sa création en 2001, ne désemplit plus. *Les directions estiment que pour développer leurs potentiels, les salariés ne doivent pas se sentir fragilisés, déstabilisés. Car trop souvent, la pression, les délais toujours plus courts, engendrent chez certains, un sentiment permanent d'insécurité, d'incapacité. Aujourd'hui, on demande à un cadre d'être performant, communicatif, charismatique, séduisant sur son lieu de travail, mais sachant également être, à la maison, le mari ou le père idéal. Les «supermen» ne courent pas les rues. »* Une semaine durant, cette formatrice accueille une dizaine de salariés d'entreprises différentes, afin qu'ils *«se sentent, enfin, à la hauteur»*. Au programme, un cocktail d'analyse transactionnelle, de programmation neurolinguistique, des jeux de rôle, des techniques de maîtrise de la respiration… « *Très souvent, ces salariés s'enferment dans des discours défaitistes. On leur apprend à sortir des cercles vicieux. À l'issue du stage, même si l'on sait qu'une dynamique de groupe s'opère toujours, les résultats sont étonnants. Cela se traduit même dans les attitudes physiques, la manière de se tenir ou de s'habiller. Les participants repartent gonflés à bloc.* »

APPRENDRE À DÉSAMORCER LES CONFLITS

Dans la droite ligne des formations en développement personnel nées dans les années 1970, ces stages sont prisés par des cadres en quête d'une meilleure connaissance de soi. En témoigne la multiplication des séminaires axés sur la philosophie ou la spiritualité à destination des cadres dirigeants en quête de sens. Des expériences qui permettent à nombre d'entre eux d'exploiter ces enseignements dans le cadre de leur vie professionnelle, mais aussi privée. Claude L., 49 ans, cadre à La Poste garde un bon souvenir de sa formation en développement personnel.

« *À l'époque, l'entreprise avait mis en place des ateliers d'écoute, afin d'améliorer la relation avec la clientèle, mais aussi avec les agents. Il s'agissait de désamorcer les conflits. J'ai beaucoup appris sur ma manière de diriger une équipe. J'ai découvert certains de mes points faibles. Aujourd'hui, je parviens même à identifier les mécanismes de défense qui se mettent en place lorsque j'ai à faire face à telle situation. Il s'agit généralement de conflits qui ne sont pas foncièrement différents de ceux que l'on rencontre à la maison avec ses enfants. Ces formations ne délivrent aucune recette miracle, mais elles incitent souvent à prendre du recul, à décrypter pour mieux réagir.* »

Responsable de la maintenance dans une imprimerie,

Pour concilier boulot et vie perso : 19 clés à conserver dans son trousseau

1. Identifier ses choix de vie
2. Se fixer des objectifs
3. Accepter des renoncements, faire des arbitrages
4. Établir des rituels (familiaux, sportifs, culturels...)
5. Diagnostiquer sa manière de travailler (Workalcoholisme ? Désorganisation ?...)
6. Gérer son temps (chasser les temps morts, gagner en efficacité)
7. Tirer profit des 35 heures
8. Choisir un temps partiel
9. Faire un break (congés sabbatiques, parental, de formation...)
10. Opter pour une nouvelle forme de travail (freelance, télétravail)
11. S'installer au vert, partir à l'étranger
12. Travailler dans une entreprise respectueuse des temps sociaux
13. Négocier charge de travail et objectifs
14. Apprendre à déléguer, à travailler en équipe
15. Se former tout au long de la vie
16. Lutter contre le stress
17. Apprendre à dire « Non »
18. Bien utiliser ses outils de travail (e-mails, portables, ordinateurs...)
19. Répartir les tâches domestiques avec son conjoint

Jacques M. a également découvert, au cours d'un stage, sa capacité à s'exprimer en public. « *Monter sur une estrade et exprimer la peur ou la colère devant une trentaine d'yeux braqués sur vous est une expérience qu'on n'oublie pas. Jamais je ne m'en serais cru capable. Lors d'une autre séance, caché derrière un écran, je devais décrire à une assemblée qui ne le voyait pas, un tableau de maître. Je leur donnais des indications pour qu'ils puissent, sommairement, reproduire à l'aide d'un crayon et d'un papier ce que je voyais. J'ai réalisé que ce qui était évi-*

dent, pour moi, ne l'était pas pour eux, que mes informations n'étaient ni précises, ni hiérarchisées, explique Jacques M. Voilà comment, en de petits exercices, on peut prendre conscience de la manière dont une communication passe ou ne passe pas. Comment aussi on peut faciliter la circulation de l'info et, du coup, se sentir plus à l'aise, plus maître de son sujet... Depuis, et en toutes circonstances, je veille à bien me faire comprendre. »

JE NE SUIS PAS SEUL RESPONSABLE DE CE QUI M'ARRIVE

Efficaces, ces formations connaissent, cependant, quelques dérapages. Isabelle L., responsable du marketing dans une agence de publicité est sortie sceptique de l'un de ces stages. *« Sur le moment, c'est très séduisant : tout le monde est compréhensif, coopératif, l'ambiance sympa. On nous fait travailler en équipe, on évalue nos points forts et nos points faibles. Pour autant, il faut en prendre et en laisser. Je veux bien jouer le jeu, mais je refuse de croire que tout vienne de moi, que je suis seule responsable de ce qui m'arrive en termes d'évolution de carrière ou d'échec dans ma vie personnelle. Il ne faut pas que ces formations, en ne « mettant en scène » que le salarié, oublient de prendre en considération son environnement, ses hiérarchiques, son entreprise. Focaliser ainsi sur la personne peut se révéler dangereux. »* Car la ligne jaune, entre difficultés professionnelles, tracas personnels et problèmes familiaux, est facilement franchissable. Pionnière des formations en développement personnel, la société Xerox s'est toujours opposée à verser dans la thérapie. *« Ce n'est pas du ressort de l'entreprise. Lorsque la frontière devient trop floue, nous conseillons aux salariés de recourir à une aide extérieure. »*, explique un responsable de l'entreprise. L'entreprise est-elle d'ailleurs habilitée à aider les salariés à résoudre des problèmes personnels ? En Belgique, certaines sociétés mettent gratuitement un avocat à la disposition des salariés en instance de divorce. Aux États-Unis, des employeurs proposent des aides financières aux salariés désirant adopter un enfant. En France, des organismes de forma-tion commencent à proposer, dans

Les choix cornéliens des couples aux doubles carrières

leur catalogue, des stages sur le respect de la santé psychique et physique, sur le passage à la cinquantaine, la préparation à la retraite, le fonctionnement du couple, la monoparentalité ou, encore, sur la condition des femmes salariées et mères aujour-d'hui... *« Pourquoi pas ?, s'interroge un consultant en res-sources humaines. L'essentiel est de respecter plusieurs règles : le caractère non obligatoire de ces formations, la confidentialité des informations recueillies par les formateurs et, enfin, la véri-fication systématique du sérieux et de la compétence de ces organismes. En matière de développement personnel, tout un chacun peut s'improviser coach, psychologue, consultant. Ce peut donc être la porte ouverte à l'amateurisme, aux méthodo-logies les plus fantaisistes et aux dérives sectaires. »* On peut commencer ce travail sur soi en dehors des murs de l'entre-prise. Concilier vie professionnelle et vie privée suppose de devoir, à un moment ou à un autre, se poser un certain nombre d'interrogations sur cette dernière. À commencer par la sem-piternelle question de la répartition des responsabilités au sein des ménages. Les choix cornéliens auxquels sont confrontés les couples à doubles carrières, les renoncements nécessaires à l'éducation des enfants méritent réflexion et dialogue, mais aussi de véritables passages à l'acte. Surtout pour les femmes cadres qui restent, pour l'essentiel, confinées aux éternels seconds rôles. La participation des mères à la vie de la cité et au monde du travail ne dépend pas en effet, que des aides de la collectivité rappelle Jeanne Fagnani, directrice de recherche au CNRS et auteur de l'ouvrage « Un travail et des enfants, petits arbitrages et grands dilemmes ». Cette participation *« est étroitement liée au degré d'investissement des pères dans la vie familiale. Pour exercer leurs droits à une nouvelle paternité, les hommes doivent accepter de mettre en « veilleuse » leurs ambitions professionnelles pendant la période où les enfants sont jeunes. Ils devraient pouvoir – ou exiger – de réduire leur investissement professionnel en diminuant leur temps de travail ou en adaptant leurs horaires à ceux des enfants ».*

LES PIONNIERS DE LA QUALITÉ DE LA VIE

Seuls des salariés « pionniers », attachés à leur qualité de vie seront susceptibles de faire évoluer les mentalités et surtout amener les entreprises à revoir leur organisation. À ce propos, et dépit de leurs imperfections, les 35 heures tombent à pic. Mais, ce sont surtout les nouvelles générations de salariés qui sont en train de bousculer la donne. Plus aucune entreprise ne peut ignorer leurs aspirations. L'aménagement du temps de travail pour concilier vie privée et professionnelle compte, désormais, parmi les premiers arguments de fidélisation et de séduction des candidats. Paradoxalement, la quête de l'épanouissement personnel est en passe de devenir une arme collective.

À lire :

• «Temps de travail, temps sociaux, pour une approche globale», par Annie Gauvin et Henri Jacot. 1999, 228 pages, Éditions Liaisons. 22,71 €

• «L'estime de soi. Un bien essentiel», par Rosette Poletti et Barbara Dobbs. 1998, Éditions Jouvence. 4,90 €

• «L'estime de soi», par Christophe André et François Lelord. 1999, 289 pages, Éditions Odile Jacob. 19,82 €

• «La source du bonheur», par Christian Boiron. Collection : essais clés, 2000, 232 pages, Éditions Albin Michel. 6,86 €

• «Un travail et des enfants, petits arbitrages et grands dilemmes», par Jeanne Fagnani, 2000, 197 pages, Éditions Bayard. 18,29 €

> NOUVELLES TECHNOS, GARE AUX DÉBORDEMENTS !

Mon employeur peut-il lire mes courriers personnels sur mon ordinateur au boulot ? Peut-il me forcer à travailler à domicile ? A-t-il le droit de me joindre chez moi, grâce au PC qu'il m'a gracieusement offert ? Les NTIC, championnes toutes catégories du brouillage vie privée/vie professionnelle commencent à être encadrées. À commencer par la justice. De jugements en arrêts de la cour de Cassation, les restrictions se font plus précises. En octobre 2001, avec l'arrêt Nikon, cette dernière consacre une nouvelle fois le respect de la vie privée. Pas question pour un employeur de lire les messages personnels d'un collaborateur, y compris au bureau, sur l'ordinateur professionnel mis à sa disposition. « Le salarié a droit, même au temps et au lieu de travail au respect de l'intimité de sa vie privée ». Pas question non plus d'imposer à un salarié de travailler chez lui. Toujours en octobre 2001, les juges du quai de l'Horloge donnent tort à la société Zurich Assurances qui, après avoir supprimé le bureau dont il disposait, avait proposé à un salarié d'installer un téléphone et un minitel professionnel chez lui. « Le salarié n'est tenu ni d'accepter de travailler à domicile, ni d'y installer ses dossiers et ses instruments de travail ». Pour la Cour, cela constitue

MA VIE DANS L'ENTREPRISE

© APEC - Éditions d'Organisation (Groupe Eyrolles)

une modification du contrat de travail et porte atteinte à la vie privée du salarié.

En attendant les accords de branche ou interprofessionnels, les entreprises elles-mêmes commencent à élaborer chartes et codes de bonne conduite pour limiter les abus. Signée avec l'ensemble des partenaires sociaux, Air France possède sa charte sociale et éthique. Renault a également élaboré la sienne. Une nécessité après la vague de générosité des employeurs à l'égard de leurs salariés. Sur les traces des américains Intel, Ford et Delta Airlines, le groupe Vivendi Universal a fait sensation en lançant « Netgener@tion », soit un ordinateur pour tous. Depuis 2000, ce programme permet aux quelque 110 000 collaborateurs du groupe, moyennant trois euros par mois pendant trois ans, de recevoir à domicile un ordinateur flambant neuf avec imprimante et accès Internet illimité. Dans son accord d'entreprise, la société s'est formellement engagée à ne pas exiger de ses salariés qu'ils utilisent ce matériel dans un but professionnel. L'adresse e-mail personnelle étant par exemple différente de l'adresse professionnelle. Cette opération qui, grâce à la loi de Finances de 2001, n'est pas considérée comme un avantage en nature devait permettre aux salariés de Vivendi Universal de se familiariser, à la maison et en famille, avec internet. Libres à ces derniers de respecter le mot d'ordre. Car pour l'heure, les inspecteurs du travail ne déboulent pas chez les particuliers pour vérifier s'ils consultent bien un site de divertissement plutôt que l'Intranet du groupe.

À consulter :

www.ospract.org (Observatoire syndical des pratiques et des conséquences du télétravail).

www.aftt.asso.fr (Association du télétravail et des téléactivités).